读懂新课程 丛书

丛书主编　张广斌　陈忠玲

读懂新课程：
从理念到行动

DUDONG XINKRCHENG：

CONG LINIAN DAO XINGDONG

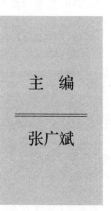

主　编
张广斌

北京师范大学出版集团
BEIJING NORMAL UNIVERSITY PUBLISHING GROUP
北京师范大学出版社

图书在版编目(CIP)数据

读懂新课程：从理念到行动 / 张广斌主编.

北京：北京师范大学出版社，2025.9 -- ISBN 978-7-
303-31120-0

Ⅰ.G633

中国国家版本馆 CIP 数据核字第 2025SB2075 号

出版发行：北京师范大学出版社 https：//www.bnupg.com

北京市西城区新街口外大街 12-3 号

邮政编码：100088

印　　刷：保定市中画美凯印刷有限公司

经　　销：全国新华书店

开　　本：710 mm×1000 mm　1/16

印　　张：9.75

字　　数：173 千字

版　　次：2025 年 9 月第 1 版

印　　次：2025 年 9 月第 1 次印刷

定　　价：48.00 元

策划编辑：鲍红玉　　　　　　　责任编辑：孟　浩

美术编辑：李向昕　　　　　　　装帧设计：李向昕

责任校对：陈　荟　　　　　　　责任印制：马　洁

读懂新课程

丛书编委会

顾 问

顾明远

主 任

田慧生

主 编

张广斌　陈忠玲

编 委（按姓氏笔画排序）

丁明怡　李晓东　杨 利　杨 清　杨明全

吴刚平　吴欣歆　张 悦　张广斌　张志忠

陆志平　陈忠玲　范佳午　胡定荣　桑国元

黄延林　黄晓玲　崔允漷　康世刚　綦春霞

总　序

　　课程教学是立德树人的关键环节，深化课程教学改革是建设教育强国的重点领域。习近平总书记多次强调课程教学改革的重要性。在 2018 年全国教育大会上，习近平总书记指出，要着眼于"教好"，围绕教师、教材、教法推进改革，探索形式多样、行之有效的教学方式方法，切实在素质教育上取得真正的突破；在 2024 年全国教育大会上，习近平总书记再次强调要全面提升课堂教学水平。新课程承载着党和国家的育人新要求、新使命，深化课程教学改革对于全面落实教育强国建设具有重大战略意义。

　　我国 2022 年新修订的义务教育课程方案和语文等 16 门学科课程标准颁布，标志着具有中国特色、世界水平的义务教育课程新蓝图绘就，并正式进入素养导向的课程实施阶段。深化课程教学改革是一项复杂系统工程，涉及方方面面。在对新课程的认识理解上，要站在党和国家事业发展全局，坚守为党育人、为国育才使命，整体把握新课程培养目标、课程方案、教学方式、考试评价、专业支撑等的内在逻辑；在新课程落地实施上，强调课程内容的结构化，强化综合学习、学科实践，倡导学习中心课堂，强调时代性、基础性、综合性、实践性等特点，创新探索教育教学新方式，培育课程教学改革新生态。

　　读懂新课程丛书重点在于推动从政策理念到教学行动的转变，既有从政策理论角度引领新课程教学的导论，又有针对一线教师关切，结合课程教学改革重点难点热点焦点，聚焦大单元教学、项目式学习、跨学科主题学习、STEM 教育、作业设计、中华优秀传统文化教育等重点领域进行的目标引领与实践探索。

　　为确保政策性、专业性、指导性和实用性，高站位、高品质、高质量，充分发挥不同领域专家在课程教学改革中的专业优势，本丛书邀请高校科研院所专家学者、课标教材修订专家、教研员、一线教师等共研共创、协商对话，促使新课标理念与教学实践融通，让新课标理念落位课堂，培养教师，滋养学生。

　　本丛书内容主要包括三部分：一是总论部分，主要论述新课程的政策逻辑、顶层设计，以及课程教学改革新生态三方面的内容。二是学科分论或专题分论部分，分别概述并阐释大单元教学、项目式学习、跨学科主题学习等重点领域的教育理念及实施路径。三是教学实施部分，主要呈现新课程政策理念在课堂教学中的具体实践。课例主要由中国人民大学附属中学、清华大学附属中学、北京市十一学校、北京市第四中学、北京市第二中学、郑州外国语学校、重庆谢家湾学校、北京市海淀区中关村第一小学、杭州市春晖小学、贵阳市第一实验小学等全国知名学校的骨干教师参与教学研发。

本丛书将政策、理论、实践相互关联、相互促进。政策提供改革蓝图，理论提供指导思想，实践为新课程落地操作，它们相互依存、相互支撑，共同形成新时代深化课程教学改革的一盘大棋。另外，我们还运用数字技术开发了融媒体资源，打破了时空限制，为读者提供了可视化的、鲜活真实的课堂教学案例。

新课程，是召唤性概念，既具有专业引领性，又具有课程教学改革的牵引性。新课程，是发展性概念，只有扎根教学实践土壤才能不断生长。新课程，还是协同性概念，需要政府、学校、家庭、社会共同培育课程实施新生态。读懂新课程，以行动诠释理念，以成果证明价值；读懂新课程，让课堂充满活力，让教学充满激情，让教育充满智慧；读懂新课程，才能最终实现从理念到行动的转换和升华。

感谢参与本丛书撰写的高校科研院所专家学者、课标教材修订专家、教研员、一线教师。他们的辛苦付出、精益求精的敬业精神和研究态度，保证了本丛书正确的方向性和专业的引领性。感谢北京师范大学出版社的大力支持和精心组织，鲍红玉编辑、郭翔编辑、何琳编辑在书稿前期的体例设计和撰写等方面提出了宝贵的意见，各分册图书责任编辑对书稿文字表述等进行了细致的修改，为本丛书的顺利出版提供了质量保证。

本丛书汇聚了专家学者对新课程的发展性思考，展现了一线教师的实践性创新。我们期待以此为支点，汇集更多新课程战线上的有识之士和中坚力量，撬动课程教学改革不断走深走实，为教育强国建设注入强劲动力。如有不足之处，敬请读者批评指正。

张广斌　陈忠玲
2024 年 10 月

前　言

　　课程方案和课程标准是规范基础教育课程实施的纲领性文件，是教育行政部门推进课程改革行动的指导性文件。2022 年，我国义务教育新课程方案和课程标准颁布实施以来，新课程成为学界关注的热点焦点，也是教育教学实践的重点难点。

　　聚焦课程改革新要求，把握育人新使命，培育课程新生态，实现从理念到行动的转变，首要在读懂，重点在行动，关键在实效。读懂新课程，要牢牢把握深化课程教学改革的基本属性，着力瞄准深化课程教学改革的战略目标，正确处理深化课程教学改革的重大关系，整体把握新课程的价值理念和内在逻辑。

　　新课程以学生身心发展为主线，进一步增强了育人目标的针对性、时代性，厘清了课程与教育、课程改革与教育教学改革，是立足核心素养认识新课程的现实起点。新课程一方面保持着对教育工具性的延续和拓展；另一方面强调对教育价值性的回归，试图以综合性打通各学科的底层逻辑，实现对人的全面发展的支撑。新课程提出的核心素养在不同学科方面存在不可替代性和外在表现差异，但在底层逻辑上是对人的发展的回应、对人的健全人格的塑造，实现着适应时代发展、赢得未来的创新人才培养。

　　新课程落地生根的关键在教师，教师决定着课程实施和育人成效。当前，一线教师积极探索、大胆实践，涌现了许多新做法新经验，同时存在困惑、观望，甚至质疑、批判等现象，迫切需要在政策理论的确定性、可解释性与实践的灵活性、在场性、生成性之间建立联结，为新课程落地实施提供一个相对专业和安全的创新探索空间。政策理论研究者需要立足学生立场、教师视角建构理论内容，研究实践路向，打破理论与实践的藩篱，为广大教师提供现实帮助。

　　没有好的课程实施生态，再好的课程政策理论也会水土不服、难以生根，育人立场、素养本位、学生发展、教师成长等难以呈现应有的模样。伴随着课程教学改革进入深水区，课程实施的难度和复杂程度将会进一步凸显，支撑教育强国建设的高质量育人课程新生态亟待培育。新课程实施生态需要直面学生发展和教师成长的现实需求，更需要理论研究者、政策制定者和课程实施者等利益相关者共同造就。

　　基于此，读懂新课程丛书专门安排了《读懂新课程：从理念到行动》这一统领性、指导性专册，作为新课程政策理论引领指导教学实践的导论。本书特邀高校科研院所专家学者、课程标准教材修订专家，聚焦理念到行动的基本理论、实践路径等基本命题，以及大单元教学、项目式学习、跨学科主题学习、STEM 教育、作业设计等专题，进行学理阐释，给予目标引领和实践指导，促使新课程标准政策理念与教学实践相融相通，让新课程标准理念落位，服务教师，滋养学生。

本书由教育部课程教材研究所张广斌研究员具体策划、搭建结构框架、设计相关专题，撰写专题一"读懂新课程，实现从理念到行动的蝶变"；华东师范大学崔允漷教授、田薇臻博士撰写专题二"大单元教学设计"；北京师范大学桑国元教授撰写专题三"项目式学习概说"；华东师范大学吴刚平教授撰写专题四"跨学科主题学习"；北京师范大学杨明全教授、范佳午博士、贺凯强博士撰写专题五"STEM 教育"；北京师范大学胡定荣教授撰写专题六"作业设计"。北京师范大学出版社鲍红玉等编辑从本书策划、设计，到编校、装帧，全程指导。在此，向为本书编写付出辛勤劳动的各位同人表达衷心感谢。编撰过程虽力求严谨精当，但囿于学识与时间，不足之处在所难免，恳请广大读者批评指正。

张广斌

2025 年 5 月

目录 C O N T E N T S

▶专题一

读懂新课程，实现从理念到行动的蝶变

一、站在党和国家事业发展全局的战略高度，把握新课程的政策逻辑 /003

   （一）新课程是新时代国家意志的重要体现，具有鲜明的政治属性 /004

   （二）新课程是新时代科技和经济的思想投射，具有鲜明的时代属性 /005

   （三）新课程是新时代社会和文化的现实观照，具有鲜明的民生属性 /007

二、立足落实立德树人根本任务，系统把握新课程顶层设计的育人初心 /009

   （一）新课程作为落实党的教育方针的关键载体，担负着促进学生全面个性
       发展的使命 /009

   （二）新课程明确了核心素养新导向，助推着立德树人根本任务落实落地 /011

   （三）新课程作为育人思想的重要体现，刻画着立德树人的实践新样态 /012

三、着眼素养导向的学习中心课堂，培育课程改革新生态 /014

   （一）确立素养导向的教学目标，强调核心素养本位 /014

   （二）建立学习中心课堂，强调以学为主 /015

   （三）培育课程新生态，聚焦新课程实施 /016

▶专题二

大单元教学设计

一、大单元教学的本质内涵与价值旨趣 /023

   （一）素养导向的单元教学：指向学习单元的建构 /023

   （二）大单元教学旨在让学生经历有组织的学习 /024

目录 C O N T E N T S

二、大单元教学设计的内在逻辑　/025

(一)放大教学单位：确保教学单位从单一课时和课文走向单元　/025

(二)明确学习组织：促使学习经验结构化　/026

(三)看见素养落地：推进层级化育人方案的设计　/026

三、大单元教学设计的要素与技术　/027

(一)依托学期整体单元规划明确单元主题与课时　/029

(二)依据素养导向的育人目标体系确立单元学习目标　/030

(三)创设真实情境中的评价任务　/031

(四)构建体现学习进阶的学习过程　/032

(五)基于整体视角设计作业与检测　/033

(六)依据学生的认知发展规律设计学后反思　/034

▶专题三

项目式学习概说

一、什么是项目式学习　/039

(一)项目式学习的多维理解　/039

(二)项目式学习的操作性定义　/042

(三)项目式学习的六大特性　/042

二、如何开展项目式学习　/048

(一)选择项目主题　/049

(二)确立学习目标　/052

(三)拟定驱动问题　/059

(四)设计实施方案　/061

(五)设计评价方案　/061

目录　C O N T E N T S

三、为何需要项目式学习　/062

　　(一)深化教育改革的需要　/063

　　(二)消解教育对立的需要　/064

　　(三)学生主体发展的需要　/064

▶专题四

跨学科主题学习

一、跨学科主题学习的课程政策意义　/069

　　(一)重视综合素质培养　/069

　　(二)强调知识整合、问题解决与价值关切　/071

　　(三)带动课程综合化实施　/072

二、跨学科主题学习的推进策略　/072

　　(一)统筹协调　/072

　　(二)任务化　/074

　　(三)跨学科主题学习与学科主题学习交融互渗　/076

三、跨学科主题学习的单元设计思路　/077

　　(一)确立学习主题　/077

　　(二)明确学习目标　/079

　　(三)提出评价要求　/080

　　(四)安排学习任务　/081

　　(五)展开学习过程　/083

　　(六)促进学习小结　/083

目录 C O N T E N T S

▶**专题五**

STEM 教育

一、STEM 教育的发展历程　/087

(一)STEM 教育的思想起源　/087

(二)STEM 教育的提出和演进　/089

(三)我国有关 STEM 教育的政策要求　/090

二、STEM 教育的设计路径　/092

(一)STEM 教育的总体设计路径　/092

(二)STEM 教育的课堂教学设计　/096

三、STEM 教育的实践策略　/101

(一)STEM 教育实施的基本原则　/101

(二)探究类 STEM 活动实施的一般过程　/102

(三)设计类 STEM 活动实施的一般过程　/104

(四)综合类 STEM 活动实施的一般过程　/105

▶**专题六**

作业设计

一、新中国成立以来作业政策的演进过程与趋势　/111

(一)新中国成立以来作业政策的演进过程　/111

(二)新中国成立以来作业减负提质政策趋势　/117

目 录 C O N T E N T S

二、作业育人功能实现的系统成因与理论分析框架 /119

(一)作业设计阶段育人功能实现的条件 /122

(二)作业实施阶段育人功能实现的条件 /123

(三)作业评价反馈阶段育人功能实现的条件 /128

三、作业育人功能实现的实践路径 /132

(一)明确作业的教学性质 /132

(二)选择合适的作业类型 /133

(三)明确作业的育人功能 /134

(四)作业育人功能实现需要结合教学过程 /136

(五)作业育人功能实现需要进行系统作业设计 /138

专题一
读懂新课程，实现从理念到行动的蝶变

科技经济的发展尤其是数智技术的突破，推进并催生着学校教育和整个教育体系的重构，学生学习生活的实体空间和虚拟空间被打通，学校、家庭、社会教育的边界被解构，育人方式正在发生深刻变革，全域教育时代到来。党的二十大报告首次把教育、科技、人才进行"三位一体"统筹安排、一体部署，党的二十届三中全会明确教育、科技、人才是中国式现代化的基础性、战略性支撑。2024年9月，习近平总书记在全国教育大会上发表重要讲话，明确了教育强国的性质和方向，揭示了教育强国的基本特质，提出了教育的政治属性、人民属性、战略属性的科学内涵和实践要求，将党对教育的认识提升到一个新的高度。对党的教育政策、方针的理解必须坚持系统的观念，坚持联系的观点，从政治、经济、文化和社会发展出发来整体把握党和国家对育人的需求。

新课程承载着党和国家的育人需求。课程方案和课程标准是规范基础教育课程运作的纲领性文件，是教育行政部门推进课程改革行动的指导性文件。课程方案明确了培养目标、基本原则、课程设置、课程标准的编制和教材编写、课程实施等内容。课程标准规定着课程性质、课程理念、课程目标、课程内容、学业质量和课程实施等。课程方案和课程标准是教材编写、教学实施、考试评价以及课程管理的直接依据。可以说，谁读懂了课程方案、掌握了课程标准，谁就掌握了课程改革的领导权和话语权。我国2022年新修订的义务教育课程方案和语文等16门学科课程标准正式颁布实施，标志着具有中国特色、世界水平的义务教育课程蓝图绘就并进入实施层面。

课程实施是一项复杂的系统工程，涉及理念、政策、实践等诸多环节，涉及课程标准修订、教材修订、教科研、学校师生等诸多要素，需要利益相关者共同努力、协同推进。读懂新课程，实现从理念到行动的转变，首要在读懂，重点在行动，关键在实效。在对新课程的认识理解上，要站在党和国家事业发展全局，置于国内外政治、经济、社会大环境中，整体把握新课程目标、理念、行动等的内在逻辑；在新课程落地实施上，要在吸纳国内外已有课程教学典型经验和有效做法的基础上，聚焦时代性、基础性、综合性、实践性等课程改革新要求和素养育人新使命，培育新课程新生态，积极探索、大胆创新，力争在教育教学方式变革和提高育人质量上取得新突破。

一、站在党和国家事业发展全局的战略高度，把握新课程的政策逻辑

任何真实的课程改革都是时间和空间维度的过程性存在，都有其植根的社会历史

情境和具体关系，有其在地化的资源、历史和本土反思。将课程置于政治、经济、社会、文化场景中进行理解和建构，是认识新课程政策的逻辑起点。正如再生产理论所强调的，学校教育与社会、政治、经济、文化结构之间存在对应关系；新课程作为课程改革的政策载体，反映着政策生态的性质、特征与现实要求，同政策生态存在投射性关系。① 读懂新课程，不是一头扎进教育，而是要跳出教育认识新课程的精神实质，了解新课程与政治、社会、经济、科技和国家安全的关系，整体把握新课程的理念和内在逻辑。为此，下文从政治、经济、科技、社会和文化等几个维度呈现新课程的政策逻辑，以帮助大家整体认识新课程蓝图的立意初衷。

（一）新课程是新时代国家意志的重要体现，具有鲜明的政治属性

习近平总书记强调，要从党和国家事业发展全局的高度，坚守为党育人、为国育才。党的十八大以来，党中央高度重视课程教材工作，从治国理政的战略高度，强调课程教材建设体现国家意志。新课程作为立德树人的关键载体，具有鲜明的政治属性。这是认识理解新课程的根本所在。

1. 新课程承载着党和国家的政治新使命

一个国家实施什么样的课程，反映并决定着这个国家培养什么样的人和能够培养什么样的人。新时代党的使命任务是以中国式现代化全面推进中华民族伟大复兴。为党育人、为国育才是党和国家在推进中国式现代化过程中的育人要求。新课程是落实党和国家课程改革政策的重要载体，政治性是新课程的第一属性，决定着培养什么样的人、为谁培养人以及如何培养人等核心问题。新课程明确把"以习近平新时代中国特色社会主义思想为指导""全面贯彻党的教育方针"②写进其中，并全面融入课程方案和课程标准；同时，系统吸纳了马克思主义基本原理与中国实际相结合、与中华优秀传统文化相结合等马克思主义中国化最新成果。党的领导是我国政治体制、政治结构和政治关系的根本，是建设中国特色、世界水平的课程体系的根本政治保证。

2. 新课程体现着党和国家发展的战略新要求

义务教育是国家依法统一实施的所有适龄儿童、少年必须接受的基本公共教育，是现代国民教育体系的基石，具有先导性、奠基性、全局性作用。新课程系统体现了党和国家发展战略的时代需要，蕴含着深入实施科教兴国战略、人才强国战略、创新

---

① 屠莉娅：《课程改革与政策生态之关联——基于我国基础教育新课程改革的分析》，载《北京大学教育评论》，2011(3)。

② 中华人民共和国教育部：《义务教育课程方案（2022 年版）》，前言 1 页，北京，北京师范大学出版社，2022。

驱动发展战略对义务教育的育人要求，明确宣告"将个人追求融入国家富强、民族振兴、人民幸福的伟大梦想之中"①，旨在为全面建成社会主义现代化强国、实现中华民族伟大复兴奠定人才基础。可以说，新课程的质量和实施效果将直接关系到党领导的中国特色社会主义事业的巩固与发展，关系到第二个百年奋斗目标和中华民族伟大复兴中国梦的实现，关系到国家的繁荣昌盛、长治久安。

3. 新课程确立为党育人、为国育才的新规格

新课程旗帜鲜明地提出为党和国家培养有理想、有本领、有担当的少年，为德智体美劳全面发展的社会主义建设者和接班人成长奠基，明确了义务教育阶段培养担当民族复兴大任时代新人的具体要求。古今中外，每个国家都是按照自己的政治要求来培养人的。为党育人，就是要为国育才。教育始终是国之大计、党之大计。人才始终是社会主义现代化的第一资源。与 2001 年培养目标"有理想、有道德、有文化、有纪律"的"四有"新人相比，新课程进一步凝练提升为"有理想、有本领、有担当"的"三有"少年。"有理想"一以贯之、内涵不断丰富，"有本领、有担当"更加凝练聚焦。新课程的政治属性更加凸显，明确要求"热爱祖国，热爱人民，热爱中国共产党，学习伟大建党精神"②，加强政治修养，增强"四个自信"，从小树立远大理想，扣好人生第一粒扣子。

（二）新课程是新时代科技和经济的思想投射，具有鲜明的时代属性

经济基础决定上层建筑，也制约着课程改革的政策空间；科技和经济发展与课程教学关系日趋紧密，课程结构对科技和经济变革有很大的依从性。新课程的政策主张反映着科技和经济发展的环境变迁。由于特定政策观念及执行中的政策具有其存在的某种经济条件，当后者发生了变化或被认为发生了变化时，现存政策的所有部分都要解体，然后一种可能的、包括新要素的政策将被制定出来。③ 20 世纪 80 年代以来，特别是我国加入世界贸易组织之后，我国经济经历了从计划经济体制向市场经济体制的加速转型，市场配置和自由竞争推动着经济环境更加开放包容，科技和经济发展的一体化形态更迭出现，新课程思想要素与科技和经济的生态联结愈加紧密。在以往党

---

① 中华人民共和国教育部：《义务教育课程方案（2022 年版）》，2 页，北京，北京师范大学出版社，2022。

② 中华人民共和国教育部：《义务教育课程方案（2022 年版）》，2 页，北京，北京师范大学出版社，2022。

③ ［英］斯蒂芬·鲍尔：《政治与教育政策制定——政策社会学探索》，王玉秋、孙益译，78 页，上海，华东师范大学出版社，2003。

代会报告中，科技一般被安排在经济建设中，教育一般被安排在社会建设中，人才被安排在党的建设中。立足新时代新征程，党中央突出强调了创新在我国现代化建设全局中的核心地位。立足实施科教兴国战略，强化现代化建设人才支撑的大局，着眼全面建设社会主义现代化国家，必须开辟发展新领域新赛道，不断塑造发展新动能新优势，全面深入实施坚持教育优先发展、科技自立自强、人才引领驱动的重大举措。

1. 新课程反映着新科技和经济发展的主体性要素

党的二十大报告明确提出，高质量发展是全面建设社会主义现代化国家的首要任务，把实施扩大内需战略同深化供给侧结构性改革有机结合起来，加快建设现代化经济体系，着力提高全要素生产率。党的二十届三中全会要求健全因地制宜发展新质生产力体制机制，并做出全面部署。新科技和经济形态下的经济制度结构、经济状况和面向未来等要素，尤其是大数据电子商务的发展，在市场供需关系中使需求方的主体性地位更加凸显。同时新科技和经济形态需要人人拥有市场主体意识、市场生存发展能力，要求经济主体成为自我负责、自负盈亏者。市场中的人就是要自我负责，供需关系中需求方主体性地位的突出投射在新课程中就要求新课程培养适应新科技和经济的人。在教育供需关系中，学生的主体需求更加凸显。一方面，学生不再是知识的被动接受者，而是学习的主体，具有独立精神和自我生活诉求；另一方面，学生是知识建构者和主体性存在者，学生的学习需要直接反映着社会政治经济生活对学生的要求，刺激新课程内容的重构和优化。新课程明确提出"为每一位适龄儿童、少年提供适合的学习机会"①，在学习方式上倡导"创设以学习者为中心的学习环境，凸显学生的学习主体地位"②，同时"发挥新技术的优势，探索线上线下深度融合，服务个性化学习"③；在学习内容上强调精选课程内容，注重培养学生的爱国情怀、社会责任感、创新精神和实践能力，为未来发展奠基。这些都是新科技和经济主体性要素在新课程中的映射。

2. 新课程反映着新科技和经济发展的公共性思想

面对国内外经济发展新常态，我国正在大力推动数字经济，加快形成以国内大循环为主体、国内国际双循环相互促进的经济发展新格局。为此社会需要建立更加彰显

---

① 中华人民共和国教育部：《义务教育课程方案(2022年版)》，4页，北京，北京师范大学出版社，2022。

② 中华人民共和国教育部：《义务教育课程方案(2022年版)》，14页，北京，北京师范大学出版社，2022。

③ 中华人民共和国教育部：《义务教育课程方案(2022年版)》，14页，北京，北京师范大学出版社，2022。

民主与公平的公共生活模式，构建与新经济环境相契合的机制与规范，促进更大范围的经济生活公共参与。这反映了公众的公共性诉求。新课程强调教师不再是权威的知识传授者，而是课程政策公共性的代表者和实施者；教师通过对课程的理解与创造性建构走向对课程的适应和创生。课程政策话语更加强调基础性、共同性，凸显基本公共服务的价值理念与课程实践。新课程在政策运行上打破了高度集中的科层行政模式，拓展了政策制定的公共参与范围，引入专家参与、论证、咨询等更为开放、民主且有效的机制；在课程政策管理上明确了国家、地方和学校三级课程管理体制，使课程改革的多方创造性得到进一步激活。

3. 新课程反映着新科技和经济发展的开放性样态

创新是引领经济发展的第一动力，是建设中国式现代化的重要战略支撑。实现我国经济更高质量、更有效率、更加公平、更可持续的发展，必须坚持改革开放。改革开放促进我国经济与国际接轨，积极吸收借鉴其他国家和世界组织在科技和经济领域的典型经验和成功实践，特别是世界知识经济、数字经济等新思想、新要素为我所用。比如，在数字经济时代，数据成为代替土地、劳动力、原材料和资本等促进经济发展的直接资源和动力，引发产业结构的巨大调整。这些新要素、新形态不仅对学生核心素养发展提出了新要求，还是推动课程变革的新动力。新课程以更加开放的姿态，对经济新形态的人才素质和结构新需求进行了系统呈现。为此，新课程进一步明确了培养学生的核心素养，增加了信息科技等新元素，更加凸显了课程的育人功能，实现了核心素养目标在整个基础教育的贯通设计，实现了课程目标、课程内容、课程结构、学业质量、教学和评价等方面的系统转型升级。

（三）新课程是新时代社会和文化的现实观照，具有鲜明的民生属性

课程改革是特定历史时期和特定社会的产物，应以社会文化为背景，为社会文化发展服务。课程政策与社会文化发展的关系是课程改革永远无法回避的问题。伴随着中国特色社会主义进入新时代，我国社会主要矛盾已经转化为人民日益增长的美好生活需要和不平衡不充分的发展之间的矛盾。人民的美好生活需要日益广泛，不仅对物质文化生活提出了更高的要求，而且在民主、法治、公平、正义、安全、环境等方面的要求日益增多。社会学家拉尔夫·达仁道夫（Ralf Dahrendorf）认为，我们没有看见过一个社会，在那里所有的男人、妇女和儿童都能享有同样的应得的权利和同样的供给。其原因就在于每种社会都必须协调人的不同的任务，不过也必须协调人的权益和能力。[①] 面对现实社会生活的多样性、多元性和多指向性，社会公平和正义导向的社

---

① ［英］拉尔夫·达仁道夫：《现代社会冲突》，林荣远译，38 页，北京，中国社会科学出版社，2000。

会治理必须对现实社会的各种复杂利益诉求进行约束、协调和引导。这也是当前课程改革的社会性新要求。

1. 新课程促进着社会公平正义的实现

改革开放以来，我国经历着社会结构的变迁，出现了政治领域、经济领域和公共领域或社会组织，特别是伴随着自媒体、大数据、人工智能等快速发展产生了大量虚拟社区、社群等准公共领域。这种社会结构的变迁直接带来民主参与社会、政治、经济活动和政策制定的热情，以及维护国家权力和自身利益的觉醒。新课程不仅反映了公共政策运行的基本社会结构和关系，还为公共政策的运行提供了必要的精神动力，引导和协调社会文化和价值观的传播，为公共政策运作提供了充分的智力条件。[1] 新课程作为促成社会正义的公共政策产品，为每个人提供学习和发展的均等机会；作为一种公共服务，则承担着促进社会发展和学生主体发展的双重使命。

2. 新课程传承着社会主流文化价值观

党和国家高度重视文化价值建设，特别是党的十八大以来，以习近平同志为核心的党中央明确提出培育和践行社会主义核心价值观、弘扬中华优秀传统文化、铸牢中华民族共同体意识等新要求。新课程在这些方面做了呈现：有机融入习近平新时代中国特色社会主义思想；有机融入中华优秀传统文化、革命文化和社会主义先进文化，以及法治、国家安全、民族团结、生态文明等内容。

3. 新课程承载着人民对美好生活的新向往

世界百年课程改革实践表明，各国普遍把课程改革作为推动社会发展和经济繁荣的重要举措，不断强化国家课程在发展战略中的地位和作用。党的十九大以来，我国经济社会发展取得一系列重大成就，人民对美好生活的向往之情与日俱增，对高质量教育的需求日趋强烈。二十多年来的课程改革由早期的质疑、批判、论争到近些年的研究阐释、主动布局，凝聚着共识的课程改革文化生态正在逐步形成。这也反映了社会对新课程的共同期盼，正所谓具有正义感、责任感、政策目标群体的成员有良好的心理素质，制定的政策不仅体现公正、合理，而且执行起来顺畅。[2] 课程作为文化资本，代表的是社会主流文化，与个人的前途、命运、社会地位息息相关。面向未来的新课程不仅奠定着共同社会结构的基础，也在话语体系上与社会生活的联系更加紧密，越来越大众化。

---

[1]　屠莉娅：《课程改革与政策生态之关联——基于我国基础教育新课程改革的分析》，载《北京大学教育评论》，2011(3)。

[2]　吴立明：《公共政策分析》，75 页，厦门，厦门大学出版社，2006。

总体来看，在人类历史上，没有任何一个时期像当今时代，新课程与政治、科技、经济、社会和文化发展的联系如此紧密。可以说，政治、科技、经济、社会和文化发展不仅决定着新课程政策的核心思想、生命周期，还决定着新课程政策的未来取向和行动。这是认识理解新课程的政策逻辑起点。

二、立足落实立德树人根本任务，系统把握新课程顶层设计的育人初心

课程是教育发展到一定阶段的历史产物，与教育的目的性和人类文化知识量的积累密切关联。当有目的、有计划、有组织的教育和人类文化知识累积到一定程度时，理性选择与逻辑组织是课程存在和发展的前提。课程自从出现后就成为教育的基石，课程改革亦成为教育改革的核心。课程在横向上与知识类型有关，在纵向上与主体人的知识内生过程有关。这种认识和关系一直延续至今，并不断得到拓展延伸。新课程以学生的身心发展为主线，明确了新时代义务教育阶段的培养目标，对教育发展的新使命、新样态、新趋势进行了系统的内化与呈现，进一步增强了育人目标的针对性、时代性，系统回答了培养什么人、怎样培养人、为谁培养人的根本问题。这是厘清课程与教育、课程改革与教育改革，特别是立足育人认识新课程的现实起点。

（一）新课程作为落实党的教育方针的关键载体，担负着促进学生全面个性发展的使命

课程政策不仅具有鲜明的本国教育历史与时代烙印，而且反映着世界教育发展趋势。新中国成立后，课程改革经过了学习苏联、借鉴西方等几十年的探索实践，当前又走到扎根我国历史文化传统，确立具有中国特色、世界水平课程体系的建设道路上。新课程在这些方面进行了优化完善，特别是进一步凸显了学生全面个性发展的政策、规律和实践性。

1. 新课程把落实党的教育方针置于根本性地位

20 世纪 90 年代，党中央把培养德、智、体全面发展的建设者和接班人确立为党的教育方针，指出教育必须为工农服务，必须为国家的生产建设服务。1999 年，《中共中央 国务院关于深化教育改革全面推进素质教育的决定》提出"美"的人才培养要求，强调教育必须为社会主义现代化建设服务，必须与生产劳动相结合，培养德、智、体、美等方面全面发展的社会主义事业建设者和接班人。2018 年，习近平总书记在全国教育大会上提出"培养德智体美劳全面发展的社会主义建设者和接班人"的新要求。德、智、体、美、劳"五育"并举的人才培养新思想为我国教育发展和课程改革指明了

新方向。"德、智、体、美、劳"的提出是对"德、智、体""德、智、体、美"育人的进一步拓展和丰富、延续和发展，是中国特色社会主义教育持续创新发展的最新成果。党的教育方针将马克思主义关于人的全面发展思想贯穿到社会主义教育培养目标中，指明了新时代建设教育强国必须牢牢把握的前进方向。新课程承载着对党的教育方针的新认识和对时代教育需求的新回应。当下应以党的教育方针为根本指引，整体设计和系统完善义务教育新课程，落实"五育"并举和创新性人才培养要求，一体化设计道德与法治课程，将科学、综合实践活动课程提前至一年级开设，强化课程育人的整体性和系统性。同时，新课程强调将劳动、信息科技的内容从综合实践活动课程中独立出来，完善艺术课程，以音乐、美术为主线，融入舞蹈、戏剧、影视等内容。

2. 新课程贯穿融通着教育发展规律

尊重和敬畏教育规律是课程政策制定者应具备的教育自觉，好的课程政策要遵守间接经验与直接经验相结合、掌握知识和发展智力相统一、传授知识与思想教育相统一、教师主导与学生主体相统一等规律。进入 21 世纪以后，我国课程改革正是遵循教育规律、把握教育特性、体现社会发展和人的全面发展现实需要的教育变革。新课程体现着人的全面个性发展思想和教育规律的贯穿融通，按照社会主义教育方向，更加注重为学生全面发展和教育现代化建设服务的有机统一。一方面，按照育人逻辑，进行教育内容选择、组织和课程内在结构完善；另一方面，按照育人与成才逻辑，更加注重教育与社会实践相结合。这些新时代人的全面个性发展和教育规律有机融合的课程设计逻辑彰显着新课程的时代教育新元素、新特征。

3. 新课程内含教育的底层实践逻辑

育人为本的教育包含价值性和工具性双重属性，两者在人才培养规格和方式上存在差异。价值性重在培养人格，教授怎么做好人、达到人格完备；工具性重在培养专业人才，教授具体工作怎么完成。在工业化和后工业化时代，整个社会呈现出教育伴随科技发展进步的历史主线。传统与现代之间存在的对立性、同化性和支撑性等关系，以及工具与价值理性之间存在的冲突、平衡和融合等关系，成为推动课程改革的重要维度和关键要素。人们被调动起来加入科技引发的工具性竞争，需要分科教育不断细化扩张，释放教育的工具性能量。工具性教育越专业化、分科越详尽，人的视野就会变得越狭隘，整体理解和把握能力也就越匮乏。在数字时代，工具性与价值性呈现新现象、新样态。新课程一方面保持着对教育工具性的延续和扩张；另一方面强调对教育价值性的回归，试图以综合性打通各学科的底层逻辑，实现对人的全面发展的支撑。新课程提出的核心素养在不同学科存在不可替代性和外在表现差异，但在底层逻辑上都是对人性的回应、对人的健全人格的塑造。

（二）新课程明确了核心素养新导向，助推着立德树人根本任务落实落地

面对为党育人、为国育才和落实立德树人根本任务的新要求，新课程的载体做了较大调整完善。相较于 2001 年版、2011 年版的课程方案和课程标准，新课程的结构框架进一步完善，课程性质、功能定位、内容质量和编写要求、课程实施以及管理等更加具体明确，特别是核心素养、学业质量标准等有重要突破，推动了新课程话语体系和课程生态文化的创新发展。总体来看，新课程在核心素养导向上更加明确，在学业质量标准上更加具有可操作性，使立德树人育人目标的落地路径更加清晰。

1. 培养学生的核心素养是新课程落实立德树人根本任务的集中体现

新课程强调围绕学生的核心素养，深化对育人价值的理解和认识，按照教学内容和教学活动的素养要求，精选和设计课程内容，精准设定教学目标，把立德树人根本任务落实到具体教育教学活动中，实现对学生正确价值观、必备品格和关键能力的培养。新课程强调以学生核心素养为纲，统领课程教学的话语体系。核心素养是后天经过学习逐步养成的，强调学习知识或技能之后能做什么、能解决什么问题。可以说，核心素养是三维目标的整合与提升，是学生学习课程后所具有的正确价值观、必备品格和关键能力。不同于以前的义务教育课程知识与技能、过程与方法、情感态度与价值观三维目标，新课程在知识基础上更加注重对关键能力的培养。同时，核心素养是义务教育阶段学生应具备的素养，是课程育人价值的集中体现。核心素养贯穿课程标准修订的全过程，统领课程标准的各部分，使课程标准各部分保持内在的一致性和统一性。在这个意义上，课程越来越成为教育问题而不仅仅是学科问题，课程标准的教育学味道越来越浓了，甚至可以说课程标准就是一门基于课程的"教育学"。

2. 学业质量标准是新课程结构自我完善的重要新突破

质量是所有活动的落脚点，质量标准是核心的标准。坚持育人为本，强化学业质量指导，明确各学科的学业质量标准，引导和帮助教师把握教育教学的深度和广度，为课程实施与评价提供依据，是这次新课程的亮点。在原有教学大纲内容要求的基础上，2001 年、2011 年颁布的义务教育课程标准呈现了内容标准，作为以知识点为载体的内容标准实现了里程碑式进步。前两版课程规定了教什么、学什么，但对于教成什么样、学成什么样等缺乏质量标准依据。新课程在结构上进行了完善，增加了学业质量标准，明确了学生在完成课程学习之后的学业成就综合表现。这里强调的不是知识点的成就表现，而是知识的综合运用。学业质量是学生在完成一门课程的阶段性学习后的学业成就表现，是学生在学完相应课程内容后发生的变化和收获，是以学生核心素养及其表现水平为主要维度，结合课程内容，对学业成就表现的总体刻画。学业质量标准不仅是作业、测验的依据，还是过程评价、结果评价与考试命题的依据。

3. 新课程设置更加科学合理，弹性适应学制安排

新课程中不同类别课程的性质和要求更加清晰明确。国家课程奠定共同基础，由国务院教育行政部门统一组织开发、设置，要求所有学生必须按规定修习。地方课程和校本课程强调拓展补充、兼顾差异。其中，地方课程由省级教育行政部门确定开发主体、统筹开发，并给予学校一定的选择权；校本课程由学校组织开发，原则上由学生自主选择，以多种课程形态服务学生的个性化学习需求。新课程强调九年一贯设置科目，小学以综合课程为主，初中采取分科与综合相结合的形式。同时，新课程赋予"六三"学制和"五四"学制更大的弹性空间，在科目设置上要求更加明确，比如，关于历史、地理在初中阶段开设的问题，新课程明确实施"五四"学制的地区可从六年级开设地理。在新授课总课时不变的情况下，新课程明确了年级周课时和各门课程总课时的上下限，增加了劳动教育内容，要求信息科技单独设课，使课程设置更加科学合理，更有利于核心素养落地。

（三）新课程作为育人思想的重要体现，刻画着立德树人的实践新样态

我国基础教育课程改革育人目标经历了从"双基"到"三维目标"再到"核心素养"的不同发展阶段，完成了从知识到学科再到育人的转向。新课程颁布实施推动着课程改革进入以人为本和核心素养的新时代。从以教为主转向以学为主、从以讲解接受为主转向以活动建构为主是育人方式变革较为集中、典型的表现。

1. 强调课程内容结构化，强化学习逻辑

当课程育人目标由"三维"走向核心素养时，课程内容的组织方式也随之改变。新课程以核心素养为纲，选择具有核心素养成分和价值的学科知识内容并进行结构化组织，以大观念、主题、任务等实现对课程内容的结构化。大观念、大概念等是一门学科知识内容体系中有解释力、统整力和渗透力的知识，这种知识内含学科思想、学科方法、学科思维，是核心素养在学科的体现。不同学科的课程标准对此的称谓不同。比如，语文课程标准"任务群"，其他学科课程标准"主题""任务""项目"等，本质上都强调以素养为纲，构建以主题、任务、大单元等为形式的教学内容结构单位。强调大观念、大概念等，一方面旨在对学科知识内容进行精选和提炼，实现少而精的目标；另一方面旨在对学科知识内容进行重构和组织，实现有机整合的目标。长期以来，教育教学中存在学生学习的生活立场与学科立场、生活逻辑与学科逻辑的左右摇摆、相互批判甚至对立现象。新课程站位学习逻辑，强调生活逻辑对学习对象的整体感知，同时强调学习的学科逻辑进阶，通过习得过程实现从基础知识和基本技能向核心素养的升华。学习逻辑淡化阶段性目标、过程目标，强调内容结构化，从而实现素养目标。

　　例如，地理课程从空间尺度视角对课程内容进行组织，按照"宇宙—地球—地表—世界—中国"顺序，引导学生认识人类地球家园。地理课程以认识宇宙和地球的关系、地理环境与人类活动的关系为主要线索，将地理实践活动和地理工具运用贯穿其中，形成将学科知识与学科活动融为一体的课程内容结构。又如，英语课程内容由主题、语篇、语言知识、文化知识、语言技能和学习策略等要素构成，围绕这些要素，通过学习理解、应用实践、迁移创新等活动，可以推动学生的核心素养在课程学习中持续发展。英语课程内容的六个要素是一个相互关联的有机整体，共同构成核心素养发展的内容基础。其中，主题具有联结和统领其他内容要素的作用，能为语言学习和课程育人提供语境范畴。

2. 加强学段衔接，强化综合学习

　　《中华人民共和国国民经济和社会发展第十四个五年规划和2035年远景目标纲要》和联合国教科文组织发布的《共同重新构想我们的未来：一种新的教育社会契约》，强调未来需要学科深度融合，教育需要跨学科，需要变革育人方式。新课程注重幼小衔接，在小学一至二年级注重活动化、游戏化、生活化学习设计；同时结合学生从小学到初中在认知、情感等方面的发展特征，呈现课程深度、广度变化，进而体现学习的连续性和进阶性。新课程进一步增强了课程的综合性和实践性，强调积极开展主题化、项目式学习等综合性教学活动，设置占本学科总课时10％的跨学科主题学习活动；同时提出强化学科间的相互关联，促进知识结构化。

3. 创新育人实践，强化评价改革

　　育人实践是运用学科的概念、思想与工具，整合心理过程与操控技能，解决真实情境中的问题的一套典型做法，是具有育人价值意蕴的典型教学实践。育人实践直接的体现就是学科实践。学科实践不是为了改造或改变学科世界，而是为了培育学生的核心素养。任何基于实践、通过实践的学科学习都是学科实践的表现。比如，各学科新课程标准倡导的观察、考察、实验、调研、操作、设计、策划、制作、观赏、阅读、创作、创造等活动，让学生真实地感受到知识的来源和背景，体验到知识的用处和价值并发展学以致用的能力。这是核心素养的形成之道，也是新课程倡导基于情境、问题、任务、项目进行学习之所在。

　　基于此，新课程在教学要求中提出注重做中学，强化学科实践育人，引导学生参与学科探究活动，经历建构知识、运用知识、解决问题、创造价值的过程，在实践中体会学科思想方法；强调知识学习与学生经验、现实生活和社会实践之间的联系，注重真实情境的创设，进一步增强学生认知真实世界、解决真实问题的能力。同时，新课程倡导基于证据的评价，增加教学和评价案例，强化如何教的具体指导，注重对学

习过程的观察、记录与分析；强调对话交流，关注学生真实发生的进步，注重自我总结、反思和改进的意识和能力；注重动手操作、作品展示、口头报告等多种评价方式。

三、着眼素养导向的学习中心课堂，
培育课程改革新生态

推动新课程从理念走向实践的行动，应是在新的育人理念和任务要求基础上的优化升级，而不是把原有经过实践检验的有效探索搁置一边甚至推倒重来。素养导向的新课程为素养导向的新课堂教学提供了政策空间，主要表现在：在教学目标上，强调知识本位转向素养本位，确立素养导向的教学目标；在教与学的关系上，强调以教为主走向以学为主，建立学习中心课堂；在学习方式上，强调从间接经验的"坐而论道"到与学科实践的相得益彰，构建实践育人方式；在知识内容上，强调从知识教学走向知识统整的大概念、大单元、大主题等教学。素养导向的新课堂教学一方面打破了传统课堂的内涵、外延，实践着育人在哪里发生，哪里就是课堂的理念，特别是大数据、人工智能在教育中的广泛应用建构着新的课堂教学新时空；另一方面要求在育人方式和人才培养模式上进行深刻变革和创新，而不是进行零星的、局部的、简单的、表层的改变与调整。课程改革二十余年，无论师资、条件保障，还是制度机制建设，都具备了较好的改革基础。同时伴随着课程改革进入深水区，后续改革的难度和复杂程度将会进一步凸显。素养导向的新课堂教学需要好的课程实施生态。实践表明，没有好的课程实施生态，再好的课程政策也会水土不服、难以落地。

（一）确立素养导向的教学目标，强调核心素养本位

教学目标是教学活动实施的方向和预期达成的结果，是一切教学活动的出发点和最终归宿。确立素养导向的教学目标并组织实施教学活动是新课程教学的基础和前提。

1. 确立素养导向的教学目标

素养导向的教学目标设计与表达是新课程相较以往的话语体系的不同之处。在教学目标上，我国课程改革经历了"双基""三维目标""核心素养"三个阶段。"双基"本位的教学把基础知识和基本技能的理解与掌握作为教学目标；"三维目标"本位的教学把知识与技能、过程与方法、情感态度与价值观的落实、经历、体验作为教学目标；"核心素养"本位的教学把素养的培育作为教学目标，也就是核心素养等于"正确价值观＋必备品格＋关键能力"。

素养导向的教学目标表达也必然面临着一个素养与知识的关系性存在。素养不是天上掉下来的，每门学科的知识都以各种形式蕴含着价值观、必备品格、关键能力。这是学科的育人价值所在。也就是说，核心素养基于知识、高于知识，是从知识中提炼出来的"精华""营养"。素养导向的教学就是把学科知识转化为学生核心素养的过程。同时，学科知识必须根据核心素养来选择、组织并转化为课程知识。课程知识要少而精，指向核心素养。

所有学科要基于核心素养确立教学目标，以核心素养的形成、落实、发展为教学目标和要求，即遵循着核心素养—课程目标—教学目标的具象逻辑，实现着教—学—评的一致性。这就要求揭示具体知识内容与核心素养的关联，把核心素养作为教学目标，进而避免以单纯识记和掌握知识点为教学目标。

以数学课程标准的教学建议为例。教学目标的确定要充分考虑核心素养在数学教学中的培养。每一个特定的学习内容都具有培养相关核心素养的作用。要注重建立具体内容与核心素养主要表现的关联，在制定教学目标时将核心素养的主要表现体现在教学要求中。例如，确定小学阶段"数与运算"主题的教学目标时，关注学生符号意识、数感、量感、运算能力等的形成；确定初中阶段"图形的性质"主题的教学目标时，关注学生空间观念、几何直观、推理能力等的形成。①

2. 把素养导向的教学目标落实在具体教学中

素养导向的教学在确立核心素养在教学中的核心地位的基础上，要实现教学的一切资源要素、环节流程、实践活动等围绕核心素养组织和展开，并最终指向学生核心素养的发展。具体包括以下三方面。一是以核心素养为教学的出发点。教学面临的首要问题是为什么而教的问题。可以说，为核心素养而教是新课程区别于以往为知识而教的教育教学的分水岭、分界线。二是以核心素养为教学的落脚点。教学成效最终要落在学生核心素养的形成和发展上，而不是"双基""三维目标"的掌握上。这也是检验教学的有效标准。三是以核心素养为教学的着力点。素养导向的教学必须在核心素养的形成上发力，把教学的宝贵时间和精力投放在学生核心素养培育上。这是评价教学的重要依据。

（二）建立学习中心课堂，强调以学为主

教与学的关系是贯穿教育教学活动始终的一对主要关系，由教与学的关系产生的问题不仅是教学论研究对象，还是课程改革的一对永恒主题。历史上各种教学理论和

---

① 中华人民共和国教育部：《义务教育数学课程标准（2022年版）》，84页，北京，北京师范大学出版社，2022。

教学改革基本上都是围绕教与学这一对关系展开的。素养导向的教学改革必须重视教与学的关系变革，明晰教与学的关系立场。

1. 建立学习中心课堂是全面深化课程教学改革的必然要求

改革的核心要义是解放人，教学改革的宗旨是解放学生。从教走向学是当前世界教学改革的共同价值旨归。新课程改革强调从教走向学、倡导学习方式变革，也取得了明显成效，创造了自主、合作、探究等典型经验。总体看，现实中"教"的本位意识和讲授中心课堂尚未得到根本性改变，以教为主向以学为主的转变还有一定差距。从根本上实现以教为主向以学为主的转变，推进教与学关系的根本性调整，是新课程的价值使然，更是建立新课堂教学的首要任务。试想，以教师讲授活动为主的课堂无论采用什么新颖的模式，或者以什么新奇的样态出现，即使是非常吸引学生的注意力，甚至一时取得多么显著的成效，都不是教学改革的方向和正道。全面推进教与学的根本性调整，实现以教为主向以学为主的转变，才是教学改革的根本方向和长久之计。

2. 建设学习中心课堂是核心素养落地的必然要求

学习中心课堂要以学习为主活动、主形式、主线路，这是激活学生学习的潜力、能力、实力的基础。只有学生学的力量被激活释放，知识才能有效转化为学生素养，素养导向的教学才能有效落地。一方面，课堂教学要建立在依靠、利用、发挥学生的学习潜力、能力和实力之上。教学过程是教不断转化为学的过程，最终实现教是为了不教。培养能力的路径就是使用能力，让教学走在发展的前面，引领、刺激、带动学生学习能力的发展。另一方面，课堂教学要以学生的学习活动为主。课堂教学的设计、组织必须以学生的学习为主线，让学生的学习从不知到知、由浅入深、由表及里、从感性到理性。学生的学习活动包括自主学习、合作学习等。这些新形态的学习应占据课堂的主要时空并成为课堂教学的主要形态，进而让学生的学习在课堂教学中真实、深刻、完整发生。

（三）培育课程新生态，聚焦新课程实施

新课程实施生态由政府主导、学校主体、社会协同、专业和技术支持的价值行为系统组成。① 构建新课程实施新生态，是当前乃至今后相当长时期新课程实践面临的首要任务。

1. 构建新课程实施的政治文化生态，发挥新课程实施的政府主导功能

任何教育改革都是思想价值观念的变革，深受制度机制和利益的触动。应试教育

---

① 张志勇、张广斌：《义务教育课程改革的政策逻辑与生态构建——〈义务教育课程方案和课程标准（2022年版）〉解读》，载《中国教育学刊》，2022(5)。

政绩观不改变，功利化、短视化教育盛行，立德树人的根本任务就难以落实。新课程必须构建管、办、评、督一致的课程实施新生态。

一是明确四级课程实施主体。新课程首次提出国家、省、地市县和学校四级课程实施主体，要求各司其职、各尽其责，协同推动新课程落地实施。国务院教育行政部门负责指导省级教育行政部门全面落实国家课程、建设地方课程、规范校本课程；省级教育行政部门负责统筹规划本区域课程实施安排、资源建设与利用等，同时指导督促地市县级课程实施；地市县级教育行政部门负责课程实施过程的检查指导，提供条件保障；学校被赋予课程实施的责任主体地位，负责健全课程建设与实施机制，制定有效措施，加强教师队伍建设，提升课程实施能力。

二是建立课程实施监测机制。课程质量监测的目的是服务、反馈、改进和推动新课程更好实施，是课程实施政治文化生态的重要内容。新课程首次提出"开展国家、省两级课程实施监测"①，明确教育部和省级教育行政部门委托专业机构进行课程实施监测。监测范围覆盖国家课程、地方课程和校本课程，监测内容包括课程开设、课程标准落实、教材使用、课程改革推进等方面，同时把党中央和国务院系列教育要求等作为监测重点。

三是建立课程实施督导机制。建立课程实施督导机制旨在督导课程实施环境和条件保障，明确要求对地方各级人民政府课程实施保障情况、学校课程开设和教材使用情况进行督查，并把义务教育质量监测结果作为课程实施质量的重要指标，以督导确保义务教育课程开齐、开足、开好。

2. 构建新课程实施的学校文化生态，赋予学校教师课程实施的自主权

只有赋予教师课程改革的主体地位，教师才能成为课程改革的第一责任人，才能真正在实践中自觉把新课程理念落地。

一是营造素质教育课程改革的文化生态。广大教师应深刻把握新课程的性质、定位及新理念、新变化，形成新课程改革的内在自觉和自主实践。

二是教师专业发展和心灵成长相结合。教学是一项专业化事业。教师要避免专业恐慌和专业孤独，在专业共同体中获得专业支持、享受专业成长的幸福。教师专业成长要建立纵向衔接、横向交叉的研究共同体。学科教研在现有基础上要进一步探索基于学校的跨学科、跨年级教师教研共同体，让更多教师承担起课程实施主体责任并将其转化为自觉行动；探索基于区域的跨学科、跨年级教师教研共同体，解决区域层面

---

① 中华人民共和国教育部：《义务教育课程方案（2022年版）》，16页，北京，北京师范大学出版社，2022。

的新课程育人短板问题，引领区域课程发展方向；同时促进教师能力建设与心灵成长相结合。好的课程实施不仅需要教师的专业成长，还离不开教师的心灵成长。美好心灵需要教师自我呵护，更需要人们对教师职业的尊重。没有教师的心灵成长和人们对教师职业的尊重，教师很难发自内心地关爱学生，新课程实施也将会大打折扣。

三是拓宽教师新课程实施的自主空间。目前，学校作为千条线中的"一根针"，还存在疲于应付各种活动检查，以至于出现教师教书育人主业被副业化的现象。学校既不能两耳不闻窗外事，也不能被社会事务缠身、过度社会化。地方和学校要研究教师工作日常，为教师减轻负担；同时，建立教师实施新课程任务责任清单制，确保教师课程教学、研究和交流研讨时间，以及保障课程教学、教科研等经费，明确教育政治红线，让教师轻装上阵、全身心投入课程改革。

3. 构建以数字为底层的新课程实施的社会文化生态，形成协同育人合力

在数字时代，学校、家庭、社会教育边界被解构，人人皆学、处处能学、时时可学成为现实。人与地球的关系、人与技术的关系都在发生着深刻的变化，这正在改变着人与人的关系。这带来了新的可能，也凸显了整个世界是相互关联的。我们的教育系统应该更加重视世界的关联性，体现关联性的力量源泉作用。学校教育作为立德树人主阵地，就必须走出"知识再生产"的"孤岛"状态。同时，数字技术在教育教学中被广泛应用，数字教育教学正在成为推动课程实施的新动能，以数字为底层的教育教学成为数字时代课程改革的新样态。

一是提高协同育人的认识站位。学校、家庭、社会协同育人，无形中给教师增加了工作量，带来较大的工作压力。要解决这一问题，首先要从理念认识上明确学校、家庭、社会协同育人机制是教育体制机制的重要组成部分，是国家、地方或学校为了达到协同育人的效果而制定的有关设计安排、有效运转以及考核评价等系统性制度。[①]

二是做好协同育人的优质教育资源供给。义务教育新课程的实施特别需要社区、家庭教育资源的支撑。开放的、多元的教育资源供给是义务教育新课程实施的必备条件。

三是多举措推进学校、家庭、社会协同育人。新课程呼唤学校、家庭、社会教育新生态。学校教育以学科教育为主，家庭教育以生活教育为主，社会教育以实践教育为主，三者应相互协同、相互支撑、相互补充。

---

① 张广斌、陈朋、王欢：《我国学校家庭社会协同育人的政策演变、研究轨迹与走向》，载《北京教育学院学报》，2021(6)。

4. 构建新课程实施的专业和技术文化生态，提升新课程实施能力和水平

当今教师工作的专业化、智慧化、协同化要求越来越高，义务教育新课程的实施离不开良好的专业和技术文化生态。新课程实施专业支持系统建设尤为重要，要加快建立新课程、新教材落地的专业服务体系。

一是强化新课程实施的国家专业支持。国家层面依托课程教材专家团队和教材研制出版单位，研制义务教育课程实施指南，依据学业质量标准研制学生分层作业训练体系，开发学业质量评价标准工具，提供大量可供选择的优质教学案例资源；组织创建新课程创新实施示范区、示范校，及时把典型经验和成果向全国宣传推广，适时组织开展新课程资源案例遴选工作，进一步提高教师对课程资源的选择性和利用率。

二是强化新课程实施的区域专业服务。发挥我国各级教研力量在义务教育新课程实施中的专业支持作用，建立新课程区域全员专业服务体系，形成教研员全员服务、名师带动、骨干引领的新课程实施专业支持网络，让广大教师在新课程实施中做到"经验可分享，问题能解决"。

三是强化新课程实施的社会专业服务。素养导向的义务教育新课程实施对资源支撑和专业要求提出了更高的标准。团结更大范围内的课程教学专业共同体为课程实施提供专业支持，是未来课程实施专业服务的重要方向。发挥高校、民间研究机构在新课程实施中的专业支持作用，鼓励支持区县、中小学通过政府购买服务引入高质量专业服务。

四是发挥数字教育教学的新动能、新优势。伴随着数字时代的到来，互联网、大数据、生成式人工智能等新技术正在改变着人们的生产生活方式，也改变着教育教学方式，对新课程实施既是挑战，也是机遇。国家教育数字化战略行动实施以来，国家、区域、学校教师课程实施的数字化环境发生了很大变化，数字教育教学生态环境正在孕育形成。一方面，国家智慧教育公共服务平台不断优化升级，为新课程实施提供了丰富的课程资源，使教师数字化课程资源共建共享能力得到进一步提升。另一方面，学校把建设数字教育教学生态环境作为课程实施的重要任务，借助各种教育教学服务支持数字技术，为教师课程实施提供实时有效的教学反馈信息，帮助教师动态把握学生的学习情况。同时，学校要积极创造条件，让每位教师都有机会、有能力、有热情成为数字时代数字教育教学的建设者和推动者。

专题二
大单元教学设计

义务教育课程方案和课程标准(2022 年版)指明了当前课程改革的方向,使核心素养成为课程与教学变革的主流话语。核心素养的提出是对以往课程与教学目标的超越和升级,对育人方式的变革提出了新要求。大单元教学基于育人立场,强调对学生的学习过程进行组织与重构,是深化教学改革的重要路径和核心素养导向的教学表征,成为新课程落地的必然选择。① 当前,大单元教学的理念已经被广为接受,也有一些有价值的探索。然而,它仍存在诸多问题。例如,大单元教学的本质是什么?其设计逻辑与依据是什么?又有哪些关键的设计技术?对这些问题的回答就显得迫在眉睫。

一、大单元教学的本质内涵与价值旨趣

当前,核心素养已成为我国课程改革的重要引擎。大单元教学作为素养背景下教学方式变革的重要诉求,有着举足轻重的价值。

(一)素养导向的单元教学:指向学习单元的建构

在学科逻辑和心理逻辑两大流派的影响下,传统教学设计的模式对课程内容的组织和安排总是呈现两极分布,不是以学科内容为导向,就是以学习活动为导向。② 在这种误解下,传统教学设计总是将"活动导向教学"和"覆盖教材内容"视为设计取向。③ 以教材内容为组织依据的教学通常是按照教材中已有的内容编排方式来呈现,以"课文"或"课时"为内容划分单位,关注的是教材中知识点的记忆与掌握,将孤立的知识点作为学习的内容,以记忆和背诵知识点为单元学习的目标,导致学生的学习脱离其自身知识体系和实际生活,陷入碎片化的知识点学习。以活动为载体的教学设计受到实用主义哲学的影响,认为学习是由相互关联的活动组成的,强调学习过程中的实践性和情境性,虽然易于激发学生的学习兴趣,但也容易导致学生缺乏有组织、有逻辑、有结构的学习经历,脱离学科知识的本体逻辑,不利于学生掌握学习内容的主体架构,陷入浅表化学习。无论依靠教材内容还是学习

① 崔允漷、王少非、杨澄宇等:《新课程关键词》,154～165 页,北京,教育科学出版社,2023。

② 刘徽:《"大概念"视角下的单元整体教学构型——兼论素养导向的课堂变革》,载《教育研究》,2020(6)。

③ [美]格兰特·威金斯、[美]杰伊·麦克泰:《理解为先模式——单元教学设计指南(一)》,盛群力、沈祖芸、柳丰等译,11～12 页,福州,福建教育出版社,2018。

活动来组织学习内容都会使学习呈现一种零散化、碎片化、浅表化的样态，使学生不同学习经历之间相对独立和割裂，无益于学生将所学知识进行关联，也难以发现不同学习内容之间的联系。

针对这样的困境，素养导向的大单元超越了教材单元和活动单元的内在局限性，以学习逻辑统整起学科逻辑和心理逻辑，指向学习单元的建构，旨在实现学习经验的结构化。当前，虽然学界对"单元"的诠释或定义不尽相同，但有着一个共同的认识，即单元是由各种相关的学习经验所组成的。基于这样一种认识，单元通常具备以下三个特征：①相比于一节课或者一个章节，单元更是一个学习经验集合的单位；②单元通常是以教材中知识之间的逻辑、问题或者学生的学习需要为内容组织的依据；③单元是课程设计中最小的单位，也是一种超越课时的教学单位。此时的"单元"不再是教学内容的单位，而是一个学习单位；不只对教学内容进行设计，还包含对学生学习过程的整体设计与学习目标是否达成的实践检验。① 因此，素养导向的大单元本质上是一个学习单元，不仅包括"学什么"，还涉及"怎么学""为什么学"以及"学了以后在什么情境下应用"等问题。大单元教学设计就是旨在设计出学生完整学习过程的专业育人方案。

（二）大单元教学旨在让学生经历有组织的学习

作为素养导向的学习单元，大单元教学旨在让学生经历有组织的学习。一方面，核心素养作为一种复杂高阶、社会化和个体化的整合体现，具有综合性和实践性，无法通过课时＋知识点的教学模式来培育。② 素养导向的教学设计必须摒弃碎片化的学习，让孤立的知识走向关联和有序，通过对所学知识进行结构化的整合，使学生经历一个完整的、有组织的学习历程。另一方面，学校课程的本质就是将需要完成的相对独立的教育事件依据特定的目的和逻辑组织成有结构的学习经验。这就意味着教师需要把课程标准的要求作为课程教学设计的出发点，特别要关注体现素养导向、代表综合性成就目标的学业质量。单元是一个个相对独立的结构化学习经验的表征，它是最小的课程单位或微课程。一个个单元组成一个科目，整个课程体系是由不同科目建构起来的某一学段的育人方案。

因此，素养导向的大单元教学的价值旨趣就是从育人的立场，将学习历程建构成一个完整的课程事件，使学生的学习有组织、有结构。大单元教学是对以往教学

① 崔允漷：《素养本位的单元设计，助力各国进入"素养时代"》，载《上海教育》，2021(32)。

② 崔允漷：《追问"核心素养"》，载《全球教育展望》，2016(5)。

培养目标，如何才能实现育人方案的落地转化？培养目标作为"想得到的美丽"，是一种应然存在，即要培养什么样的人。课程标准规定了为实现培养目标，学生应学习的内容以及应达到的水平，作为一种实然存在，使"想得到的美丽"转化为"看得见的风景"。然而，课程标准还无法直接用于指导课堂教学，还需进一步细化为单元学习目标。这就需要在进行大单元教学设计时明确单元学习目标，保证单元学习目标的设定和描述能够看得见素养。也就是说，大单元教学设计要包含高阶位的目标，而不能只是局限于简单地了解、掌握等低阶目标，即通过目标的完成看得见素养的形成过程。因此，单元学习目标应是解决真实情境下的问题，是产品或作品导向的和可评估、可测量的，使核心素养的培育真正成为"走得到的景点"。

为了真正使核心素养的落地看得见，还必须秉持课程思维建构专业的育人方案，让单元学习成为一种有目标、有指导的课程事件，有组织、有结构、有意图地将目标、情境、知识点、课时、教学、展示、评估建构成一个微课程。其设计逻辑应与课程设计逻辑相一致。作为一个完整的课程事件，一个微课程的设计就需要包含课程目标、课程内容、课程实施和课程评价四要素。具体而言，在这一课程事件中，课程目标的确立要依据课程标准、教材内容和学情；学习过程要体现学生学习环节和历程的完整性和进阶性；学习任务的设置要符合学生的认知规律；学习活动的规划要超越简单的知识理解、陈述和记忆。因此，大单元教学设计从"期望学生学会什么"出发，按照学习逻辑组织学习过程要素，最终帮助学生经历一个体现"如何学会"的学习进阶过程，体现了学生学习的完整过程。

总之，大单元教学设计中学习内容的组织逻辑不再是以往学科内容知识逻辑或活动逻辑，而是学生核心素养的培养逻辑。大单元教学作为素养导向的教学选择，应做到放大教学单位，即超越单一课时或知识点，由多个课时或知识点组成一个独立的教学单位，让学生经历一段有目标、有组织、有指导的学习和有教育意义的课程事件；明确学习组织，即要有一个明确的组织者架构起整个单元的学习活动；看见素养落地，即单元学习目标旨在解决真实情境问题，以作品或产品为导向。这一素养导向的学习内容组织形式旨在通过对课程内容进行有组织、有意图的结构化编排，帮助学生化教师教授的学科知识为自身建构的学习经验，变革学习过程使学生经历一段完整的、有意义的学习。

三、大单元教学设计的要素与技术

作为新课程的关键实践领域之一，大单元教学设计的提出就是为了对以往只关注零碎知识点和简单技能训练的教学进行纠偏，重新思考课程内容的选择与组织逻辑，进而实现学生能够理解、运用和迁移所学内容这一指向素养培育的目标。课程目标的变革要求当前的教学设计不再是以零散知识点为设计单位，而是将单元视为课程设计的最小单位，以单元为课程内容组织的载体，即将单元视为一个微型课程，走向完整的、有结构化的教学设计。① 因此，在设计时首先需要回应课程设计的四要素，即课程目标、课程内容、课程实施和课程评价，进而思考如何组织这些要素。② 基于此，我们提出了一种站在育人立场的助学方案的设计思路，着重思考"学生需要学会什么"，从学习结果出发逆向设计出学生"何以学会"的过程，以期助力学生核心素养的培育和发展。因此，大单元教学设计至少要包含单元名称与课时、单元学习目标、单元评价任务、单元学习过程、单元作业与检测以及单元学后反思六大要素(见表 2-1)。

表 2-1　大单元教学设计要素与编制指南

要素	理解与编制要点
单元名称与课时	1. 理解：单元必须有名称，通常是单元主题或课程内容的组织者或统摄中心；必须有明确的课时数 2. 编制：选择大观念、大问题或大任务作为单元的组织者；依据目标、知识地位、学情定课时
单元学习目标	1. 理解：单元的灵魂、出发点或归宿；依据课程标准、教材、学情、资源定目标 2. 编制：3～5 条；可测评；每条目标均需指向核心素养；目标相互之间有关联；符合句法结构；可分解成具体任务或指标；要保证至少三分之二的学生能达成
单元评价任务	1. 理解：评价任务就是检测目标是否达成的学习任务，目标指向哪里，评价任务必须跟到哪里；以表现评价为主 2. 编制：与目标匹配，但无须一对一对应；可操作

---

① ［美］格兰特·威金斯、［美］杰伊·麦克泰：《理解为先模式——单元教学设计指南(一)》，盛群力、沈祖芸、柳丰等译，11～12 页，福州，福建教育出版社，2018。

② 雷浩：《基于核心素养的课程评价：理论基础、内涵与研究方法》，载《上海师范大学学报(哲学社会科学版)》，2020(5)。

要素	理解与编制要点
单元学习过程	1. 理解：为至少三分之二学生适用的进阶式的学习过程；符合学生的认知发展过程，为学生提供助学支架 2. 编制：体现学习的进阶（递进或拓展）；落实学生自主建构或社会建构；评价任务的嵌入体现教、学、评一致；提供学习支持，如提供资源、路径、前备知识提示等
单元作业与检测	1. 理解：作业是学生学习的必要组成部分，即学需要习；整体、校本化设计作业以及单元测验 2. 编制：包括课前、课中与课后作业，巩固题、检测题与提高题（供选做），体现差异；论述或综合题要包括情境、知识点（可多个）与任务
单元学后反思	1. 理解：掌握知识、技能与能力是培育素养的必然路径；素养是反思或"悟"出来的 2. 编制：对接素养目标，设计反思支架、路径；定位反思水平，即复述（回忆、陈述），关联（知识间、所学与自我），转化（解决问题或具有自知之明，形成正确的观点或观念）

为进一步说明如何将大单元教学的理念深入教学实践，下文将结合案例呈现如何依托上述大单元教学设计的六个核心要素进行设计。具体设计思路与方法如下。

（一）依托学期整体单元规划明确单元主题与课时

单元主题呈现的是单元学习过程涉及的内容意义以主题的形式提炼出来，以回应为何要学习该单元内容；单元课时同样是大单元教学设计的关键要素，需要根据既定的教学时长单位对大容量的知识进行合理的划分和编排，体现学习历程的计划性和进阶性。单元主题与课时明确的前提是学期整体单元规划。学期整体单元规划通常是在学期开始前由学科教研组或备课组合作开展的备课活动，是根据学科课程方案中的总体课时规划、学业质量要求与教材中已有的内容编排方式明确整个学期的学习主题聚类，进而搭建一个学期的单元框架。在学期整体单元规划的前提下，再依据整个学期的计划明确单元主题和对应的课时安排。

依据学期单元规划明确单元主题和课时需要遵循四个步骤：第一，翻看教材目录，明确有几章或几个单元，确定是依据教材的原有顺序还是重组单元内容；第二，将章或单元的大主题对标课程标准中的学业质量，以把握一个单元的"魂"；第三，如果教材主题与课程标准中的学业质量要求基本匹配，再参照本课程的总课时与周课时，确定单元的课时数；第四，根据各单元的素养目标、课时及相关资源，明确单元的组织者是大问题、大任务还是大观念，并依据组织者命名单元。具体而言，当以大问题为单元主题时，通常以学科或真实情境中的一个核心问题来组织问题链学习，侧重问题解决或观念形成，指向的是学生关键能力的获取和价值观念的形成。当以大任务为单元主题时，通常以一个需要完成的真实情境任务来组织任务串学习，侧重产品、成果或习惯养成，通常指向学生关键能力和必备品格的获得。当以大观念为单元主题时，通常以一个需要确立或认同的核心观念来组织观念层学习，侧重意识形态或学科观念，指向的是学生价值观念和必备品格的获得。

以语文学科为例，统编语文教材是以单元的形式呈现的，但每个单元没有具体的名称，内容也没有完全的结构化；主要是由阅读、写作等不同板块组成，且没有明确规定每个单元学习应包含多少课时。因此，教师在学期开始前，需要依据课程标准、教材、学情、资源等，规划单元主题、课时分配以及每个单元的课文、习作、综合性学习如何结构化，即根据单元学习内容判断何种单元组织者(大问题、大任务、大观念)是适切的。比如，以人教版语文教材七年级上册第一单元为例，教师通过分析教材中第一单元包含《春》《济南的冬天》《雨的四季》等课文资源，将单元学习主题定为"四时美景"，并根据学生的学情分配适当的课时。同时，如果出现大问题、大任务或大观念无法统整教材单元中所有课文的情况。比如，当教材单元是由三篇现代文和一篇文言文组成时，可以考虑将三篇现代文与习作结构化，余下一篇文言文单独处理，将原有的单元设计为"大单元＋"，进而将单元学习内容进行结构化处理。

(二)依据素养导向的育人目标体系确立单元学习目标

在明确单元主题和课时后，就需要明确单元学习目标。单元学习目标是整个单元学习的灵魂、出发点和最终归宿，它不仅回应了课程标准中的学业质量要求，还引领了后续的学习评价、学习过程和学后反思。单元学习目标的确立就是回答期望学生"学会什么"，对学习过程和评价的设计起到了规约作用；同时需要体现学科核心素养。只有将单元学习目标对接核心素养，才能体现其对知识整合性和学生发展整体性的贡献。由于单元学习目标既是学生"学会什么"的表达，又是对学习过程的指引，其一定是可观察、可测评的学习结果。

最新修订的课程标准建构了素养导向的"目标一族"，包含课程和学段目标、内容和学业要求、学业质量，描述了素养视域下对学生的期望，是确立单元学习目标的重要依据。具体来说，课程目标代表课程具有的概括性的育人价值，是课程核心素养的拓展性表述；内容标准是基于具体内容或知识点描述的预期学习结果，是从素养目标的高度审视具体内容的学业要求；学业质量是学生完成课程阶段性学习后的学业成就表现，反映发展学生核心素养的要求；学业质量标准是以核心素养为主要维度，结合课程内容，对学生学业成就表现的总体刻画。因此，单元学习目标既要体现课程目标和内容所规定的学科育人目标以及其所统摄的具体学习内容，又要刻画出不同素养发展水平下学生的具体表现特征；同时需要厘清单元学习目标与课时学习目标的区别。相较于课时学习目标，单元学习目标更加宏观和高阶，具有较强的指引作用；课时学习目标更加具体，体现课时与课时之间学习内容的联结，是为单元整体学习搭建桥梁的，是单元学习目标的阶段性学习结果。

明确目标的定位和来源后，还需要明确目标如何叙写。以往目标在表达时，其行为主体、行为条件、行为动词多是围绕教师，如"使学生了解……"，三维目标的呈现也是分裂且独立的。对目标的规范叙写是为了让目标能够更好地体现核心素养的形成过程，帮助学生清晰理解达成目标需要经历什么样的学习历程，要使用什么样的方法，最终符合目标的学习成果又是怎样的。因此，在叙写时首先要保证目标的行为主体是学生；行为动词要清晰可测评；表现程度是至少三分之二的学生经过学习能达成的学习结果。

目标的确定和叙写可以采用"五步三问法"。具体来说，一看教材目录主题，二对标学业质量和内容要求，三定本单元学习目标指向的素养要求，四搭叙写句法结构，五查目标是否可测、可评。其中，三问是指在叙写每条目标前需要教师自我设问：一问"结果"，即该单元主题或内容到底期望学生学会什么；二问"过程"，即达成上述学习结果需要经历什么样的过程与掌握什么样的方法；三问"表现"，即通过此过程达到这样的结果指向或形成什么(素养表现)。依照这样的句法结构，叙写3～5条单元学习目标。

以统编高中思想政治必修2"经济与社会"第一单元为例，单元学习目标可以这样叙写。

1. 通过查阅相关政策资料(过程)，分析各种所有制经济的地位和作用，解释我国坚持公有制为主体、多种所有制经济共同发展的依据和意义(结果)，增强对我国基本经济制度的认同，明确坚持"两个毫不动摇"(表现)。

2. 通过典型案例的研讨(过程)，理解建设高标准市场体系的必要性，阐明市场和政府的关系，懂得"有形的手"与"无形的手"相结合的重要性(结果)，树立诚信意识、规则意识和法治意识(表现)。

3. 通过探讨经济领域的热点问题(过程)，描述宏观调控的目标和意义，运用社会主义市场经济体制的知识提出合理化建议(结果)，提高社会参与的意识和参与经济生活的能力(表现)。

(三)创设真实情境中的评价任务

评价任务旨在检测学生在大单元学习中是否达到了预期的结果，是用来判断学生学习目标达成程度的证据。从所处位置来看，评价任务上接学习目标，下连学习过程，具有承上启下的重要意义。其一，评价任务紧随学习目标之后有利于加强学习目标与评价任务之间的紧密程度、匹配程度。其二，充分发挥学习目标的指导功能，有学习目标就必须有评价，否则课堂教学就如同开无轨电车，失去方向。其三，评价任务置于学习目标之后有助于对学习目标进行及时的校正。当无法基于学习目标形成评价任务时，就需要反思学习目标的设定是否过于笼统，有没有达到可观察、可测评的要求。其四，评价任务置于学习过程之前设计便于落实教、学、评一体化设计。学习目标对于后续学习过程的引领就是体现在如何将分解后的评价任务对应地嵌入教学过程，使教学、学习、评价共同指向学习目标达成。

同时，评价任务应是以真实情境为载体的。核心素养的形成是具有情境性的。评价任务作为激发学生达到预期目标的线索以及检测学生是否达到预期目标的手段，也应以真实情境为场域。因此，在设计基于真实情境的评价任务时需要落实三点：首先，设计出包含真实挑战的评价任务。这是因为包含真实挑战的评价任务有助于学生在完成任务时依据自身积累的知识、经验，帮助学生从已有知识体系出发，挖掘已有知识与新知识之间的联系，从而对自身知识体系进行补充和更新。其次，评价任务的设计一定要能促成学生参与真实的实践，在完成任务的过程中真切地参与谈论、探究等活动，从做事中学习知识。最后，评价任务的设计应能体现学生的真实表现。评价任务的设计要容许超出预设互动结果的生成性表现的出现，进而引出学生更加真实和多样化的行为表现。以人教版普通高中语文教材必修下册第七单元《红楼梦》整本书阅读的评价任务为例，具体设计如下。

1. 运用所学到的人物分析方法对自己感兴趣的其他任务角色进行评析并与大家分享。

2. 完成制订《红楼梦》整本书阅读计划和周阅读单。

3. 进行小组活动，将以情节、人物环境、诗词、主题为探究内容的成果进行交流和展示。

4. 通过研讨会学习吸收或评价别人的观点，能够清楚地陈述自己的收获和观点。

（四）构建体现学习进阶的学习过程

学习过程设计的重心在于呈现学生何以学会的过程，注重给学生提供有指导的学习，促进学生自我构建和社会建构，主要关注的是学习活动的组织与学习任务的嵌入。学习过程设计一定是符合学生认知发展的，学生思维或者素养的发展不是线性方式的，而是螺旋上升式的。所以就需要在单元学习过程中设计出学习进阶。有意义的学习过程设计一定是在统摄中心的引领下，学习过程逐步进阶，进而实现从知识习得到素养生成、从简单理解到迁移运用的过程。一般来说，学习进阶通常会以问题链、任务串或观念层来体现。

设计学习进阶时需要考虑以下因素：学生需要学习何种知识才能达成预期的学习目标，即学什么；为了达成预期的学习目标，要为学生提供何种指导过程，即怎么学习；还需要为学生提供什么资源和支持才有助于达成预期的学习目标，即提供何种支持。因此，进阶型的学习过程一定是保证不同阶段学习内容之间的连贯性；确保每个阶段的学习要为更高阶的学习打好基础；遵循学生认知发展的规律，循序渐进地开展学习活动。以人教版普通高中语文教材必修下册第七单元《红楼梦》整本书阅读的学习过程为例，其设计的任务串如下所示。

1. 第一阶段（导读）。

任务一：简单交流阅读情况和体验，完成教师提供的学习单上的学习活动任务。

任务二：阅读原著或查阅资料，和同学交流阅读时的"趣点"。

2. 第二阶段（自主阅读）。

任务：深入阅读，完成周阅读单的制定，并交由教师进行评价。

3. 第三阶段（专题探究）。

任务一：梳理主线情节，整体把握情节梗概。

任务二：合作探究，领略情节安排的特点。

任务三：聚焦重点情节，反思情节发展规律。

……

4. 第四阶段（阅读交流）。

任务：准备好交流的文本、材料，进行小组汇报，并进行师评与同伴互评。

（五）基于整体视角设计作业与检测

作业与检测旨在回应学生在经历上述有组织、进阶的学习过程后，是否真的达成预期的学习目标，即是否真的学会了。因此，作业与检测不仅是大单元教学设计中不可或缺的重要一环，还应当精心设计、凸显结构化的特点。结构化的作业与检测设计能够将各课时的作业内容、类型和难易度进行综合考量，以提升不同课时作业与检测之间的关联度，保证前一课时的作业能够为后一课时的学习打下基础，提供进阶空间；同时应尽量减少重复性、机械性的作业，减轻学生的学习负担。

基于此，作业与检测设计应体现整体性、功能性和层次性。其一，整体性要求在设计时以大单元主题为线索，系统思考课前、课中、课后的作业内容，通过同一单元主题保证作业与检测的聚焦性和指向性；强调同一主题下不同作业与检测内容之间的互补性和递进性；在突出其整体指向目标达成的前提下，强调作业与检测内容与形式的多样化。其二，功能性体现在帮助学生评估其目标的达成度，进而管理自己的学习，发挥作业与检测的反馈功能。其三，层次性体现在作业与检测设计的难易程度方面。由于作业与检测是面向整体学生的，具有不同学习能力的学生的学习需求是不同的。在设计时，要根据学生的差异性分层、分类设计作业与检测，既要包含简单练习，也要纳入挑战训练，使作业与检测能够适用于具有不同学习能力、风格的学生。譬如，人教版普通高中语文教材必修下册第七单元《红楼梦》整本书阅读的大单元教学设计包括完成学生自己设计的周阅读单的记录、学生完成任务后的小组汇报，需要在课后准备相关的文本、材料或展示用的课件等，使作业设计具有一定的创新性、实践性。

（六）依据学生的认知发展规律设计学后反思

核心素养的本质之一就是具有反思性。[①] 学生只有经历反思才能对自己的学习产生新的认识和理解，将其内化成自己的学习经验，最后更新和完善自己的认知结构和知识体系。[②] 因此，学后反思不是简单地复述学生所学内容或单纯回顾课堂学习过程，而是由教师提供支架、学生主动产生的对自己学习过程和结果的再思考，应是学生对学习过程中自己的行为、方法、策略等方面进行评估，回看自己在这一过程中的优势或劣势，进而在后续的学习中进行发扬或修正。因此，学后反思设计其实就是为学生提供反思性支架，立足知识内容，遵循认知发展规律，通过反思活动促进素养的生成，实现教下去的是知识，留下来的是素养。

具体而言，学后反思具有三个阶段六个层级（见表 2-2）。第一阶段为复述。学生能够回忆出有价值的信息并能够有结构地将其陈述出来。第二阶段为关联。学生能够在新旧知识之间建立联系并实现知识与自我之间的关联。第三阶段为转化，也是反思的最高阶段。学生在前两阶段的基础上能够形成正确价值观、必备品格和关键能力。学后反思设计需要不断提高阶位，保证学生在具备复述能力的基础上，建立所学知识的内在联系以及其与自我之间的关联，最终实现知识的转化。可以说，学后反思设计就是为学生搭建支持性的学习支架，也是确保学生发生深度学习的基本条件。

---

① 崔允漷、邵朝友：《试论核心素养的课程意义》，载《全球教育展望》，2017(10)。
② 崔允漷、王少非、杨澄宇等：《新课程关键词》，154～165 页，北京，教育科学出版社，2023。

表 2-2　学后反思的三个阶段六个层级

阶段	层级	特征描述
第一阶段：复述	一级	回忆刚刚学习过的知识中一些较为有价值的信息
	二级	复述所学的内容并能根据规则将其组织起来
第二阶段：关联	三级	将所学的知识与已知的知识建立联系
	四级	将所学的知识应用于真实场景
第三阶段：转化	五级	运用所学的知识解决真实情境中的问题
	六级	能在知识运用中形成自己的观点或信念

以人教版地理教材七年级上册第四章第三节"降水的变化与分布"为例，有位教师设计的学后反思如下所示。

1. 通过本课的学习，你知道了关于降水的哪些知识？（复述）

2. 在绘制降水量的柱状图时，你有哪些经验跟同学分享？你能根据降水量的柱状图分析降水的季节变化规律吗？（关联）

3. 你能说说你家乡的水利工程是如何根据降水的季节变化来调节水量分配的吗？（转化）

综上所述，大单元教学旨在设计学生何以学会的助学方案。其实质就是帮助学生建构有组织的学习经验，将学生加工信息、如何学会的过程具象化地呈现出来。遵循"课程视角、学习立场"的原则，大单元教学能够将高阶位的素养目标、多课时合一的实施方案、统摄学习内容的组织者整合起来，旨在为学生提供一个有组织的学习过程。素养本位的大单元教学设计弥合了知识学习和素养形成之间的落差，从大处着眼、从整体入手，为促进核心素养的落地提供了重要抓手。

专题三
项目式学习概说

大千世界原本就是由大大小小、多种多样的项目组成的，任何一项工作都可以被称为项目中的一环。项目就是基于真实生活情境和现实生活需要，旨在促进成果产出的有目的、有意义、有计划的生成性活动。长期以来，国内外专家不断尝试将项目思想引入学校教育，并在理论研究和实践创新方面取得了显著成效。项目式学习在当下更有一种"遍地开花"的态势。

一、什么是项目式学习

（一）项目式学习的多维理解

1. 项目式学习是一种教育理念

教育理念是教育主体在教育教学实践中形成的对教育应然的理性认识和主观要求，是教育发展的一种理想性、精神性、持续性和稳定性的教育主张，对于教育实践具有导向和规范作用。在项目式学习的众多研究者中，提出"项目式学习就是一种教育理念"的不在少数。自从学校教育的形态诞生以来，教育理念的演变更替日新月异。一条亘古不变的规律是，凡是有利于学生身心健康发展的教育理念，其生命力旺盛，生命周期漫长；凡是不利于学生身心健康发展的教育理念，往往昙花一现，转瞬即逝。项目式学习就属于前者。随着这种学习形态的延展和普及，项目式学习几乎成为学校课程教学变革绕不开的关键路径，其影响力遍及国内外教育领域。

项目式学习体现了诸多教育理念，如"以人为本"理念、"学生中心"理念、"全面发展"理念、"做中学"理念、"个性化"理念、"主体性"理念、"创造性"理念。不难看出，项目式学习属于有利于学生身心健康发展的教育理念。厘清项目式学习中蕴含的教育理念，有助于践行者、追随者能够用一种更加现代的、"浪漫的"、生活化的视角看待教育。项目式学习强调在实践活动中培养学生的能力、品格和价值观，强调综合运用多学科知识促进学生自主学习。有了项目式学习这一教育理念的指引，学校层面的课程设计与开发、课堂层面的课程实施、教师的教学创新、学生的学习方式，都能够朝向 21 世纪的主流方向发展。从此，教师不再是手握考试指挥棒在讲台上挥舞的"教书匠"；学生不再是在题海中挣扎的"考试机器"；学校也不再是追求升学率、考试排名的"名利场"。

2. 项目式学习是一种教学模式

所谓教学模式，是在一定教学思想或理论指导下建立起来的相对稳定的教学活动程序。项目式学习就是一种教学模式，它鼓励学习者大胆提出问题与假设，在真实的生活情境中主动探究、使用不同的工具和技能，在课堂内外创造性地解决问题，建构自身知识体系的同时将知识运用到具体实践中。教师在组织开展项目式学习过程中，需要遵循一系列相对固定的流程。与传统教学模式相比，项目式学习具有多方面的优势。项目式学习就是一种教师可以在知识教学过程中，引导学生积极主动参与的教学模式。与传统教学模式相比，项目式学习在许多方面存在明显的优点。

在作为教学模式的项目式学习过程中，学生通过积极主动参与真实生活世界中有意义的项目，从而掌握知识和获得相关能力的发展。在这一过程中，教师为学生提供鲜活的学习体验。项目式学习强调教师具有对知识本质和外延的价值理解、对知识与实践相结合的指导力，以及学科知识的跨学科统整能力。教师对于教学模式具有高度的选择权。然而，教学模式的选择在很大程度上会受到学校大环境的影响。学校领导、年级组组长、学科组组长的教育理念也会对于教师自主选择教学模式产生较大影响。因此，作为教学模式的项目式学习，能否在课堂教学中落地，也是一个权衡利弊的过程。这就需要各利益相关方高度认可项目式学习对于学生长远发展和深度学习的真正作用。

3. 项目式学习是一种学习模式

项目式学习是以研究学习一种或多种学科概念、原理为中心，以解决真实的问题为目的，在真实情境中借助多种资源，并在一定时间内解决相互关联的问题，产出作品的一种学习模式。[①] 这种学习模式一方面需要学习探究多种学科知识与原理，另一方面需要呈现真实作品。项目式学习之所以风靡全球有赖于它灵活有趣的学习模式——学生能够使用自己认识事物、理解事物、处理刺激与信息的方式完成任务；学生不仅更容易接受，而且能获得更加有效的学习效果。在这种以学生为中心的学习模式下，学生要自主地建构知识，积极地联系生活实际，担负主动学习的责任，在心理上体验一种被认同、被关注的感受，从而自主地学习和探究。在学习过程中，设定一个基于现实生活场景的项目，围绕着完成这个项目，自己探索、解决问题，不断试错并修正解决方案，最后发布自己的作品，根据他人的反馈进行反思和不断调整。学生完整地经历提出问题、规划方案、修订方案、解决问题、形成成果、展示交流、评价改进各阶段。在这个过程中，学生需要自己设计解决问题的方案、收集选用需要的材料、学习相应技能，进而获得知识和技能，发展批判性思维、问题解决能力、团队合作能力、沟通交流能力等。

项目式学习是基于学科又超越学科的综合性学习，是一种与真实世界和生活实

---

① 冷淑君：《关于项目教学法的探索与实践》，载《江西教育科研》，2007(7)。

际紧密联系的学习模式。在日益强调核心素养的现在，项目式学习作为培养创新型、复合型、问题解决型人才的重要学习模式，有助于学校教育顺应正在发生的学习革命，强调真实情境下的统整式学习，让学生真正成为立足当下、面向未来的实践者、参与者、创新者乃至引领者。

4. 项目式学习是一种课程形态

课程形态是由课程内容、教学方式、课程评价等各种要素形成的相对稳定的课程存在样态。从这个意义来看，项目式学习是一种新的课程形态。从课程内容来看，项目式学习主张整体看待学校和社会、学科和生活、学习和发展的关系；从课程开发的角度来看，项目式学习主张知识与知识的整合、知识与事物的整合、知识与行动的整合；从课程实施的视角分析，项目式学习主张创生型、生成性课程；从课程形态来看，项目式学习是基于知识整合的跨学科活动课程；作为一种课程形态的项目式学习，汇集了研究型学习、探究式学习、综合实践活动、研学旅行、劳动教育等课程形态的主要特征，并能够与这些课程形态之间相得益彰、互通有无。此外，项目式学习的理念有助于学校从整体上围绕系列项目主题建构统整、立体、开放的课程体系。例如，成都市盐道街小学的课程体系建构就是依赖于项目式学习的理念与实践。

5. 项目式学习是一种学科整合方式

长期以来，部分学生学习的学科知识过于割裂，通常难以理解各个学科之间的关联性。例如，部分学生在初中阶段学习二次函数，也许到了高中阶段学习物理学科知识时才明白二次函数的实用性。学科知识的割裂会明显降低学生的学习兴趣，也会让知识变得更加抽象、难以理解。此外，解决现实生活和未来工作中的实际问题，单一学科的知识往往无法胜任。因此，学科整合在教学过程中变得越来越重要。一个完整的项目式学习过程仅仅依靠单一学科的知识、概念、技能等是无法完成的。比如，基于语文学科开展的项目，可能和道德与法治学科关联；基于英语学科开展的项目，也许需要美术教师介入；基于数学学科开展的项目，不排除信息技术学科参与的可能。更有甚者，项目式学习涉及的学科多达三个以上。例如，北京工商大学附属小学开展的"班级劳动种植基地我策划"项目式学习，涉及至少五个学科：数学(如测量和统计)、科学(如植物的生长)、美术(如绘画)、信息科技(如统计图)、语文(如写作)。在班主任的统筹策划和组织下，五个学科知识被巧妙地整合起来，让知识不再"零碎"。

我们在参访学校时也会遇到学科整合式教学展示。例如，在一次有关大山的语文教学中，语文教师讲授完课文后，邀请音乐教师讲述与大山有关的音乐，美术教师讲述与大山有关的美术作品。需要强调的是，这种学科整合往往是"拼盘式""多学科"的整合，而不是"跨学科"整合。教师在开展跨学科的项目式学习过程中，需要对两门及两门以上的学科知识、概念或理论进行辨识、评价和整合运用，以提高学生发现问题、分析问题、使用多学科知识创造性地解决项目式学习中的驱动问题的能力。

（二）项目式学习的操作性定义

项目式学习是把社会创新实践提前到学生的学习阶段，是对未来社会实践创新活动的模拟与实验，弥补了传统学科知识教学远离真实社会生活的缺陷。[①] 巴克教育研究所提供的项目式学习定义：项目式学习是一种教学方法——在此过程中，学生通过一大段时间的工作，调查和回应一个真实的、参与式的或者复杂的问题、困境或挑战。[②] 项目式学习还可以被认为是一种在微缩、虚拟情境下的模拟生产以及研究、探究活动。在项目式学习过程中，学生有机会参与解决现实世界中的真实问题。例如，学生不再抽象地学习关于营养方面的知识，而是充当顾问，通过调查、研究确定更健康的餐厅菜单。学生不再仅仅依赖历史教科书了解过去，不再作为历史事件的浏览者，而参与到学习制作一部关于改变本地面貌的事件纪录片中。

基于上述这一定义，以及此定义的本土化表达需要，项目式学习是一种教和学的新理念、新方式——在此过程中，学生在教师的帮助下，面对来自真实世界的挑战性项目任务，开展一定周期的探究、合作学习，完成项目成果，获得知识、能力、素养的协调发展。项目式学习鼓励学生探究和解决真实的、复杂的问题，并从中获得知识和技能。项目式学习是基于学科又超越学科的综合性学习方式，是一种与真实世界和生活实际紧密联系的学习方式，是一种旨在变革人类生存生活空间的深度学习过程。

（三）项目式学习的六大特性

项目式学习不仅是一种新的学习方式，还承载着教育理念的革新。它以学习者的动机为核心，聚焦深度学习，关注情境及活动的创设、学习环境的优化，以及学习与实践共同体的组建。怀特海认为："通过直接经验获得的知识是智慧生活的首要基础。在很大程度上，通过书本学习得到的是第二手的知识，因此永远不具有那种直接实践的重要意义。我们的目标是把我们生活中的直接事件看作我们一般思想的实例。"[③]相

---

① 郭华：《项目学习的教育学意义》，载《教育科学研究》，2018(1)。

② ［美］巴克教育研究所：《项目学习教师指南——21世纪的中学教学法》第2版，任伟译，4页，北京，教育科学出版社，2008。

③ ［英］怀特海：《教育的目的》，徐汝舟译，90页，北京，生活·读书·新知三联书店，2002。

比传统教学模式，项目式学习反对使用僵化的教学计划和规定路径来引导学习者获得学习成果或目标，而主张以学习者为中心，为学习者提供深入探究有意义议题的机会。在项目式学习中，学习者通常对所学内容有更多的自主权，对学习承担更多的责任，在学习时往往基于兴趣更加自主完成有意义的项目产品，从而展现学习成果。学习者通过做项目，在团队协作中整合学科知识和生活经验，并对自己的过程性和终结性表现做出评价。

项目式学习活动往往体现出真实性、跨学科性、建构性、自主性、问题性和产品性等特性。项目是来自生活中的真实问题，要与多种学科核心概念相结合。在活动设置的真实情境中，学生通过持续的探究活动自主地建构自己的知识体系。拉尔默等人具体列出了项目式学习的特征：①需要教师指导和团队合作；②教师和学生共同关注学习需求；③项目式学习是复杂的，需要一个团队的专业设计和实施；④教师通常在设计前有诸多工作要做；⑤学生在项目中根据事先的指导手册进行充分的选择，教师经常会惊讶于学生的选择；⑥基于驱动问题。[1] 20 世纪 90 年代以来，联合国教科文组织及一些国际组织、发达国家和地区纷纷提出了面向未来的培养目标，即培养核心素养。例如，批判性思维能力、问题解决能力、合作能力、沟通能力、创造和创新能力等被公认为对当今世界有极高价值的能力。这些能力将为学生未来的工作和生活做准备。在这样的国际背景下，中国学生发展核心素养框架和高中阶段学科核心素养框架陆续公布。从学习本身的角度来看，作为一种新兴的学习方式，项目式学习具备如下"六度"特性，如图 3-1 所示。

图 3-1　项目式学习的"六度"特性

---

① ［美］巴克教育研究所：《项目学习教师指南——21 世纪的中学教学法》第 2 版，任伟译，5 页，北京，教育科学出版社，2008。

1. 知识度

需要指出的是，核心素养的培育无法离开知识学习。知识和素养像基因的螺旋体一样相辅相成，推动学生的学习和发展。学校教育的核心使命是让学生完成知识的学习。因此，任何一种教和学的方法，如果脱离了知识性，其生命力就会受到影响。项目式学习也是如此。作为学科知识的传授者，部分教师容易对项目式学习望而生畏。他们较为关心的话题是"我的教学任务能否完成？""项目式学习是一种有效的学习方式吗？"对此，我们可以给予明确答复：通过项目式学习，教师的教学任务能够完成，而且能够更加有效地完成。这里的"有效"，实际上指向知识的有用性。学生能够用所学知识去解决现实生活中的问题。知识传授过程的有效和无效，应该关注"意义"原则。所谓"意义"，就是人生活的目的，即谋求完善自我、完善与他人及社会的关系、完善与自然的关系。然而，此知识非彼知识。传统课堂教学中的知识是被学科专家碎片化的知识，是无数个知识点的集合。学生在学习过程中是按照一个知识点接另一个知识点的路径掌握知识。在项目式学习中，学生首先应该面对现实生活中的真实问题，继而去考虑解决该问题需要的知识系统（而非知识点）。这些知识系统可能是某一学科的大概念，也可能是跨学科的大概念。

一旦与学科教学相关联，教师容易把知识点的教授当作主要目的。但是，在设计项目式学习过程中，教师可以教材为依托，以学情为依据，顺势而为，落实课程标准的要求。教师要以系统化、结构化的思维模式研究教材。教材目录、单元结构都值得反复研读。将教材吃透，才能准确定位每个单元，才能识别与项目式学习有关的课程内容。此外，教师还需要具备跳出教材看教材、跳出学科看学科的真"本领"，设计出高质量的项目式学习活动。此外，项目式学习的跨学科性特征往往涉及多门学科知识。由于这些知识都被包裹在有趣又有探索性的情境中，学生与知识的互动是自然发生的，是有意义的。与传统的知识不一样，这些知识并不需要学生脱离情境反复进行操练，而是需要学生理解，即通过创设真实的任务情境让学生知道如何运用概念来解决问题，并在跨情境的运用中举一反三，达到对概念的深度理解。

衡量项目式学习知识度的基本问题为：基于学习需求，需要匹配哪些课程内容？哪些是良构知识和问题（可能只有一个满意的答案和解决方案）？哪些是劣构知识和问题（可能包含多种答案和解决方案）？

2. 真实度

项目式学习不局限于学习书本知识，而是针对真实世界中的真实问题，在一个真实情境中加以探索、研究和学习。

第一，真实问题。项目式学习中的真实问题需要体现真实社会需求、真实生活议题以及真实工作场景。一是真实社会需求类问题。该类问题是为了满足真实世界的需求，学生创造的产品有真实的社会意义和价值，能在现实生活中使用。例如，一所小学为学生设置的游学任务：在参访与游览名胜古迹之后，学生需要编写一本旅游指南，优秀的作品将作为旅游指南发放给游人阅读。二是真实生活议题类问题。该类问题关注真实生活议题，最好和学生的生活直接相关。例如，生活在海边的学生能够直接地看到海洋污染的现状，可以研究如何保护海洋生物，改善自然环境。以"春节期间，大家怎样才能健康过年"为项目主题，从身心健康、环境保护等方面生成"健康过年"指南。三是体验真实工作流程类问题。该类问题探究过程采用成人在现实环境、工作中会用到的方法、工具、流程、标准等，使学生按照设计师、科学家、企业家或项目经理的真实工作流程开展工作。例如，在"净水挑战"活动中，学生要为农村居民设计净水装置，他们像非政府组织的工作人员一样，先采集水样，分析水质，再结合当地物料，设计具有很高性价比的净水器。在解决这些具有复杂性的真实问题的过程中，通常会涉及多学科的知识内容，运用单一学科的知识是无法完成项目式学习的。

第二，真实情境。知识就是在具体真实的情境中产生的。知识的学习与掌握不应该忽视知识发生发展的生活情境。真实情境中的学习活动一定是参与性和互动性的，在参与和互动中，给学习者提供以多种角色和视角立体地审视具体情境中复杂问题的机会，让学习者从不同维度进行全方位分析和考量，并通过参与和反思生成知识。[1] 怀特海认为，教育只有一个主题，那就是多姿多彩的生活。[2] 当学习者知道所学知识和生活的关联性，并能用所学知识造福他人和社会时，他们的学习兴趣更容易被激发出来。真实的学习任务向学生提出了他们感兴趣的驱动问题，学生因此更关心这些问题和答案。

衡量项目式学习真实度的基本问题为：驱动问题是真问题吗？是否具有开放性和可探究性？是否源自现实生活？

3. 实践度

荀子曰："故不登高山，不知天之高也；不临深溪，不知地之厚也。"亲身体验是一种重要的探究方式。马克思主义认为，实践是认识的基础。没有实践，就不能正确地认识世界，也就不能科学、正确地指导改造世界的活动。人类的发展需要从

---

[1]　胡佳怡：《真实性：项目式学习的本源》，载《中国教师》，2019(7)。

[2]　[英]怀特海：《教育的目的》，徐汝舟译，38页，北京，生活·读书·新知三联书店，2002。

实践中学习生存能力。项目式学习在本质上是一种师生共同参与的实践活动，主张为学生模拟未来的工作、生活实践场所，从而通过实践为未来做好准备，鼓励学生学习职场和真实世界中的解决问题方法。在真实问题的解决过程中，学生可以体验自己获得的知识是怎样被应用到现实世界中去的。如此一来，学习就变得和他们自己息息相关了。

项目式学习有利于突破科学与生活之间的界限，引导学生在两者之间架设桥梁，引领学生在问题情境下学会自主提出问题，展开研究性学习和动手实践，从而使学生得到真正意义的解放，个人优势和特长得到较好的发展，在分析问题、自主设计、操作实践、研究探索中激活创造潜能，形成解决方案或制作出产品，提升问题解决能力，实现核心素养的自然生长。诸多学校的项目式学习活动也极力体现实践度。例如，有的学校在研学旅行课程中引入项目式学习；有的学校在综合实践活动课中采取项目式学习方式。即使在以语文、数学、英语等学科为主的项目式学习活动中，实践度也是衡量项目式学习质量的重要标准。实践度是解决学以致用问题，学习是发生在具体情境中的实践，没有实践就无法说明学习的发生。

衡量项目式学习实践度的基本问题为：项目如何帮助学生提升动手实践能力？通过哪些措施帮助学生实现知识运用于生产生活？

4. 协作度

协作是指为了实现共同目标，不同主体充分利用组织资源，依靠团队力量共同完成同一任务。协作需要主体形成团队共识、建立信赖关系、主动支持配合、及时提供反馈。教育实践表明，学习者既需要通过自主学习进行知识建构，也需要通过协作学习建构知识。这种协作既包括学生与教师之间的协作，也包括学生与学生之间的协作，并且学生在协作学习过程中获得的知识占其知识总量的比例更大。协作学习的形式有竞争、辩论、合作、问题解决、设计和角色扮演等。学生通过协作，对同一学习任务进行讨论、交流、互动，直到对其形成较为深刻的理解与掌握。

在项目式学习活动中，当项目发布以后，都是以团队的形式来认领并完成项目任务的，在考核时往往以团队为单位评价项目任务完成情况。团队成员一般为 4～6 人，同一团队内部常常表现出较强的异质性，即在成员之间保持相当大的差异性。一是特长的差异性，即团队内部各有所长，分工不同。这样既便于合作完成较为复杂的学习任务，又有利于形成相互之间取长补短、共同提高的良性学习生态。项目式学习本来就是对未来生活的预演，我们需要把学生未来生活中可能遇到的各种问题引入项目式学习。只有在一个团队中性格各异的学生之间能够进行合作，形成良性互动，才能说明学生的协作、沟通能力得到了加强。二是能力的差异性，即团队中个体之间的差异性还表现在自身能力水平的差异。项目式学习期望不同学习起点的个体能够整合在同一个团队中，并且每个人都能在原有的基础上获得发展、提高，而不是优秀的学生越来越优秀，落后的学生变得更落后，形成两极分化。这需要团队关注到每个人的发展。由于项目往往比较宏大，即使分解成若干任务，也会具有相当的难度，不借助团队的力量，依靠"单打独斗"很难完成。协同、互补、争论、妥协是团队工作的常态，也是真实社会中的工作团队所面临的真实场景。

衡量项目式学习协作度的基本问题为：学习活动中都有哪些参与主体？不同主体之间是如何协作的？学生有没有从协作中获益？

5. 参与度

项目式学习让学生直面问题情境：解决问题时会遇到哪些困难？用到哪些知识？如何才能克服困难、解决问题？这种不确定性往往能提高学生的参与度。这种不确定性恰恰给学生的思维留下了更大的空间，他们需要开动脑筋寻找办法，需要带着问题求教或者反复实验。解决问题的过程就是创造的过程，学生在创造中发展，创造性地解决问题，在做中学，在研中学，在行中学。[1] 参与度是要解决学生的动机问题。激发学生的学习动机是学习方案设计的重要一环。好的内容和好的形式本身会提升学生的参与度。然而这还不够，学习是一个过程，而不仅仅是听课的那个瞬间。所以激发学生参与是要从课前开始，让学生提前进入学习状态。

衡量项目式学习参与度的基本问题为：学生真的希望参加这样的项目式学习活动吗？他们的迫切程度如何？我们如何激发他们的学习动机以促进他们能够在整个项目中全身心投入？

6. 感知度

在互联网时代，人类生活形态进入了体验时代。学生在学习过程中的感知度会影响学习效果。这包括对于学习流程、接触到的学习环境等多方面的体验，也在于能否给学生创造留下美好印象的"关键时刻"。感知度是基于前面五个度的整体体验。项目式学习中的感知度可以包括如下内容：第一，学生是否从同理心出发，具备用户视角，解决真实问题，从而获得成就感；第二，通过参与项目，学生的社会责任感是否有所提升；第三，通过参与入项活动、项目会议、结项活动等，学生是否体验了仪式感；第四，与传统的学习活动相比，项目式学习过程中的学习氛围是否更加浓厚。

---

[1]　周振宇：《项目学习：内涵、特征与意义》，载《江苏教育研究》，2019(10)。

衡量项目式学习感知度的基本问题为：如果把一次项目式学习看成一次旅行的话，给学生留下了哪些美妙的回忆？学生感知到的"关键时刻"有哪些？

高质量的项目式学习往往能通往深度学习，项目式学习的"六度"特性也正指向深度学习。一方面，随着项目式学习的不断深入，能够加深对大概念的理解。大概念作为上位概念，强调统摄学科知识并将其作为学生核心素养养成的固定锚点，秉持统整的课程观、教学观，构建整体认知结构，使学生能够将真实的生活经验与晦涩的学科知识进行有意义的"黏合"。另一方面，项目式学习的主题指向大概念的生成。学生的学习过程本身就是概念的认识、理解、习得、深化与内化过程。大概念可以跨越不同学科，容纳一系列不同层次的小概念。教育的愿景之一就在于：将一系列不同层次的小概念通过学科内部、学科与学科之间的知识关联与统整，逐渐上升为概念集合，进而搭建基于大概念的综合育人框架。项目式学习的精髓就在于此，整合不同学科的知识、概念、原理，形成超越学科本身的知识图谱。因此，开展项目式学习，教师要有大概念思想。这是项目式学习的灵魂和基础。

二、如何开展项目式学习[①]

要顺利、成功开展项目式学习，需要提前对计划开展的项目进行细致的设计与规划。作为教师的我们，不妨用商业的逻辑为学生设计优质的项目，以使学生获得良好的项目式学习体验。项目式学习的背后是价值观和实践倾向的反映，交互是讨论价值观和体现反思的最好手段。因此，在设计项目式学习的部分环节，我们可以把一部分选择的权利交到学生手中。这样做的好处在于增强学生学习的能动性与意义感。

项目式学习设计是一种以学生学习为中心的设计，它的核心特征在于让学生能真正理解整个学习过程，甚至参与到设计中来，最终实现理解性学习。因此，在设计项目式学习时，应充分运用设计思维。简单来说，项目式学习设计一共有五个步骤，分别是选择项目主题、确立学习目标、拟定驱动问题、设计实施方案、设计评价方案，如图 3-2 所示。

---

① 该部分内容主要引用自桑国元、叶碧欣、王翔所著的《项目式学习：教师手册》（北京师范大学出版社 2023 年版）第三章。

图 3-2　项目式学习设计步骤

（一）选择项目主题

1. 连接真实世界

好的项目式学习主题蕴含着丰富的学习机会与有趣的连接真实世界的表达。项目式学习的起点应该是学习者的好奇、困惑与烦恼。我们在选择项目式学习主题时，首先应该抛开一切约定俗成的东西，和学生一起自由地开展头脑风暴。只有这样才会发现，原来还有许许多多值得探索的事情：可以是对身边习以为常的现象和事物进行再思考，如思考如何利用走廊空间、如何提高自动售卖机的经济利润；也可以是之前没有想到过的新关联，如校服和传统文化的关系、座位与学习效果的关系等。关键在于，这些事情都与我们的真实世界相联系。为了帮助大家设计连接真实世界的项目式学习主题，我们提供以下思路供大家参考。

（1）思路一：社会热点与全球性问题

如今人类面临着许多共同的挑战，如网络安全问题、人口问题、可持续发展与气候变化问题等。面对全球性问题，我们应该树立人类命运共同体意识，深切地关心周边的人和事乃至整个社会的发展，致力于改善群体的生存环境。项目式学习在本质上是一种基于共同体的学习，其最终目的是要让学生与自己、与自己周围的人、与更广阔的时空和社会历史实践建立起关联，帮助学生进入广阔的历史长河，成为社会历史中的一员。

（2）思路二：身边的现象与问题

项目式学习并非一种单纯的"利己性"学习，而是一种促进生态和谐的"互利性"学习。它为学习者提供了与真实生活对话的机会，帮助学习者看到自我、感受他人，并与周围的一切共生共长。在立德树人的教育时代背景下，学生的思想品德与实践能力越发受到重视。与项目式学习一样，德育与劳动教育同样强调在真实情境中的获得与实践。利用项目式学习的方法开展德育与劳动教育，有利于实现在学科教育中有机渗透德育与劳动教育的目标。由此，我们可以从德育与劳动教育的角度出发，引导学生观察与思考身边的现象与问题，选择合适的项目式学习主题。

（3）思路三：校园活动与综合实践活动课程

项目式学习作为一种倡导学生在实践中学习的教学方法，可以有效助力校园活动与综合实践活动课程的实施。一方面，我们可以将项目式学习引入丰富多彩的校园活动，如学校里的科技节、艺术节、运动会、读书会等。另一方面，我们可以尝试将研学旅行与项目式学习进行结合。2016 年，《教育部等 11 部门关于推进中小学生研学旅行的意见》发布，指出中小学要结合当地实际，把研学旅行纳入学校教育教学计划。作为一种综合实践活动课程，研学旅行尤其强调学习的主体性、情境性与开放性。这与项目式学习的理念不谋而合。因此，若能从研学旅行中获取项目式学习的主题和学习材料，不失为一种好的策略。当我们把项目式学习的理念融入进来时，研学旅行不再是一次单纯的旅行，而是成为有时间周期的系统性课程。地点也不再限制于校园之外，而是课堂内外有机地结合在了一起。

2. 连接课程与概念

单元设计是落实核心素养教育的基本环节，也是撬动传统课堂转型的支点。在一线教师的教研和培训中，经常能够看到"大单元教学""整体设计"等概念的影子。然而，目前的单元教学仍然存在一些明显的问题。例如，仅以教材或者知识点为单元的基本单位，忽视了单元的结构性与系统性，使学生缺乏深度理解的意识与知识迁移的能力等。项目式学习不是学习的全部，也不能完全替代其他学习形式，但若能利用项目式学习整合单元教学，实现项目与单元主题的深度融合，无疑增加了学习的弹性与活力，也使项目式学习的价值意义更加凸显。我们相信，基于课程单元的项目式学习将成为未来我国中小学开展常态化项目式学习的重要途径。

单元教学的关键在于教师如何整合问题、活动和评价来完成单元教学，以及如何使用教材来支持教学目标的实现。一般而言，单元教学分为两种逻辑：一种是学科逻辑，另一种是学习逻辑。学科逻辑通常是基于连续内容和主题来进行设计。从操作的层面上看，可以按照教材的编写单元，将相近主题的内容集中在一起学习。学习逻辑主要围绕复杂的问题或学习任务进行设计，教师可以根据选文内容重新组合成新的单元进行教学。因此，基于课程单元选择项目式学习主题亦包含两种模式。一种是按照教材编排的顺序性结构单元开展项目式学习。这种形式的优点在于顺应常规教学进度，是传统教学的一种拓展和延伸；且主题的设计相对简单和明确，通常与教材单元主题保持一致即可。其缺点是很难涵盖完成项目式学习所需的全部知识。尽管在我国教育情境中，增加课时和课外材料存在现实难度，但对于那些有时间精力和资源条件的师生而言，适当补充课外材料也未尝不可。另一种是跨越教材单元，甚至跨越不同年级的教材单元来设置项目式学习主题。这种模式有利于帮助学生更好地理解学科大概念，也为学校创新教学和管理模式提供了良好的契机。当然，这在一定程度上对学校管理和教师素养提出了更高的要求，尤其是对学科核心概念和跨年级文本的掌握。①

　　基于课程单元确定项目式学习主题，可以从以下两个方面展开。首先，善于利用教材中已有的活动探究单元和项目。如果是刚刚接触项目式学习的新手教师，不妨直接利用教材中已有的活动探究单元和项目来设计项目式学习主题。其次，基于大概念进行项目式学习主题的延伸和拓展。埃里克森将大概念定义为"学科中可以应用到纵向学科内部情境和横向其他学科情境中的核心概念"②。我们认为项目式学习在必要的情况下应该突破课时的限制，把碎片化的知识汇聚成体系化的知识结构。因此，可以尝试围绕大概念来设计项目式学习主题。

3. 可行性考察

　　对项目式学习实施的优势与可行性进行考察，以确保项目能够顺利开展。这里的优势主要是指区域资源与学校特色资源；可行性是关乎项目式学习在实施中的难度，包括参与人员、时间跨度、空间范围等。

　　首先，项目式学习鼓励学生关注自己的生活环境和地方文化。这意味着我们在选择项目式学习主题时，可以充分考虑学校所处的地域特点。其次，在选择项目式学习主题的时候，我们需要充分了解多方的需求和想法，包括学生、教师、同事、行政人员、家长等成员及其配合与支持程度。最后，项目式学习的时间安排包括四种类型。第一种是利用较长时段开展的项目式学习，通常在 1 个月至 3 个月。对于这种周期较长的项目，可以选择与学科教学较为紧密的主题。这样有利于将项目式学习与单元教学有机结合在一起。第二种是利用项目周的方式开展项目式学习，这种形式可以选择更加关注真实世界的、跨学科的主题。第三种是通过"4＋1"的方式，将项目式学习常规化。它与第一种的区别在于每周都会固定一天用于项目式学习的产品展示与评价，因此在选择主题时应充分考虑难度与可操作性。第四种是通过综合实践、兴趣选修课、研学等时间段进行项目式学习，此时的主题选择可以考虑与综合实践活动课程内容相结合。

4. 项目主题特征

　　好的项目式学习主题是需要反复迭代的。相较于主题内容，更重要的是主题设计思维的迭代和升级。换言之，学校不一定每年重复相近主题的项目式学习(当然，

①　李春艳：《中学地理"大概念"下的单元教学设计》，载《课程・教材・教法》，2020(9)。

②　Erickson H. L.，*Stirring the Head，Heart，and Soul：Redefining Curriculum and Instruction*，Thousand Oaks，C. A.，Corwin Press，1995.

如果做成经典主题也未尝不可），而是汲取主题设计的经验，并不断反思项目式学习主题是否具备以下特征。

第一，梯度性，即项目式学习主题可以延展出不同梯度的学习。首先，应该让学生有信心"够得着"。这意味着项目式学习主题与教材中所学的知识和技能应尽可能紧密结合，以此保证学生在项目式学习中依旧能够掌握基础知识与技能，并对学业成就产生积极影响。其次，让学生"想体验"。当项目式学习主题具备一定的挑战性时，更容易激发学生主动探索的精神和学习的动力。最后，要帮助学生"会迁移"。这也是传统单元教学中的薄弱环节。如果为学生提供将所学知识运用到真实生活中的机会，想必对其迁移能力的培养效果明显。第二，学科性，即项目式学习主题能够反映学科的大概念。好的主题设计一定是能涵盖学生现阶段所学或者未来一段时间内将会学到的学科知识。换言之，有意义的项目式学习主题通常是突出和指向大概念而展开的，这使学科知识不再以碎片化的方式呈现在学生的面前。相反，它要求教师和学习者对知识做进一步的整合，将项目式学习主题作为连接线，使原本分散的教学内容建立起紧密的联系。第三，真实性，即项目式学习主题能够连接真实的世界。真实性是项目式学习的本源特征，它不仅体现在主题的设计上，也会体现在学习情境与学习评价上。在好主题的"四步生产法"中，首先要做的就是连接真实世界。

（二）确立学习目标

在设计项目式学习目标时，应将其与课程标准或相应的标准对应起来。威金斯认为，传统的教学设计存在两种误区："活动导向教学"和"覆盖教材内容"；这两种设计共同的盲区在于缺乏对学习目标的澄清，最终只能获得惰性知识或粗浅经验。[①] 为了实现理解性学习，基于学习目标和学习结果的逆向设计尤为关键。我们需要明确项目中每个环节的学习目标以及最终的预期成果，并根据学习目标的优先次序，在有限的时间和资源内设计项目式学习主题与驱动问题。简言之，在项目式学习的设计阶段，我们始终要具备"以终为始"的意识。

在确定项目式学习目标时，教师要回应的本质问题是"为什么要开展项目式学习"以及"学生应该学到什么程度"。以下提供了项目式学习目标的基本维度，包括学业发展目标与项目式学习素养发展目标，并尽可能多地呈现出各类目标可以参照

---

① ［美］格兰特·威金斯、［美］杰伊·麦克泰：《理解为先模式——单元教学设计指南（一）》，盛群力、沈祖芸、柳丰等译，13～15 页，福州，福建教育出版社，2018。

的标准，以期为设计项目式学习目标提供参考。需要说明的是，当在设计教学目标时，并非要将所有标准全部包含，而是可以根据项目式学习主题的特点及相关背景选择适切的标准。

1. 关注学业发展目标

项目式学习的学业发展目标主要包括学习内容及学科素养两个方面。其中学习内容对应的是课程标准中的内容，教师可以根据教学需求选择匹配的知识目标；学科素养可以借鉴课程标准中的学科核心素养。当项目式学习成为一种常规的学科教学方法时，必须将课程标准作为重要的依据，以学科的核心概念和原理、学科思想方法和学科素养为项目式学习的学业发展目标。这也是区别项目式学习与一般实践性活动的重要维度。

课程标准集中体现了人们对学业质量的要求，与所处时代息息相关，总体上呈现出由关注知识技能走向关注核心素养的改革趋势。[①] 从课程标准到学业发展目标，中间需要进行一定的转换。这是因为课程标准面向的是对学生的总体期望，学业发展目标需要考虑实际的教学情境。换言之，学业发展目标是对课程标准的解构与细化，学生学习的内容和程度需要综合考虑项目式学习主题、时长、资源支持等因素。学科素养不仅关注知识本身，还关注学生在新情境中应用知识的能力、对知识本身的反思以及对学科的投入程度与兴趣。这与项目式学习目标高度一致。

2. 关注项目式学习素养发展目标

21 世纪能力运动是一场聚焦能力培养的全球运动，且这些能力被世界大多数国家的教育政策广泛认可。尽管如此，许多国家在培养 21 世纪能力层面仍然面临着严峻挑战，以学习者为中心的教学方法是培养 21 世纪能力的重要基础。国际上对关键能力的解释和界定并不相同，但核心理念基本一致，即一种可迁移的、通用的跨学科能力，如沟通能力、合作能力、批判性思考能力、管理能力、创新创造能力、解决现实问题的能力等。[②] 我们结合中国学生发展核心素养，设计了项目式学习素养发展目标，如图 3-3 所示。

---

① 邵朝友、周文叶、崔允漷：《基于核心素养的课程标准研制：国际经验与启示》，载《全球教育展望》，2015(8)。

② 艾兴、王坤：《"关键能力"的要义、逻辑及其培养》，载《课程·教材·教法》，2020(1)。

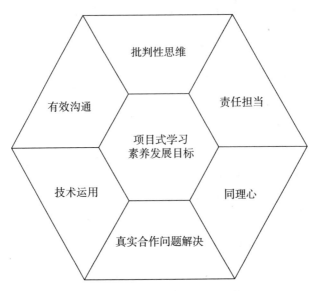

图 3-3　项目式学习素养发展目标

(1)批判性思维

批判性思维是 21 世纪较为重要的学习能力之一，培养批判性思维是培养创新人才的必然要求，并已经成为国内外教育目标的共识。培养批判性思维的目的是帮助人们学会提问与辨别事件，其核心在于思考、求证与反思。批判性思维的培养以问题解决为线索，贯穿学习始终。在选择项目式学习主题与提出核心驱动问题阶段，要求学生能够明确表达自己的想法、原因以及项目式学习的目标与意义，对生活现象和学习过程中遇到的问题质疑，并建立事物间的关联。在分解项目驱动问题与项目任务阶段，学生的批判性思维体现在分析问题、界定与理解核心概念、提出假设上。在解决问题与制作项目产品阶段，需要关注学生的信息收集与应用、推理和论证的能力，鼓励学生用证据支持观点，或在产品成果中呈现证据元素。在成果展示与总结阶段，关注学生在反思、改进、调整等方面的意识与能力。表 3-1 为项目式学习中的批判性思维发展目标。

表 3-1　项目式学习中的批判性思维发展目标

项目式学习阶段	批判性思维发展目标
选择项目式学习主题与提出核心驱动问题	1. 简明扼要地表达自己的想法和观点 2. 阐明项目式学习的目标与意义 3. 质疑和提出问题 4. 建立事物间的关联 5. 跳出常规思维，愿意选择挑战性强的主题和问题

续表

项目式学习阶段	批判性思维发展目标
分解项目驱动问题与项目任务	1. 界定与理解核心概念 2. 明确核心问题 3. 掌握逻辑思维，包括演绎思维和归纳思维 4. 提出假设
解决问题与制作项目产品	1. 提出资料获取需求 2. 对事实、信息和论点有独立判断与评估 3. 具有证据意识，即用证据支撑观点，在产品中体现证据元素 4. 对知识进行意义建构 5. 反思与调整自己的行动
成果展示与总结	1. 解释与回应质疑 2. 反思与改进产品

（2）责任担当

责任担当是素养培育的重要构成，也是项目式学习素养发展目标的核心组成。在中国学生发展核心素养中，责任担当体现为社会责任、国家认同与国际理解，侧重关注宏观层面的责任品质。考虑到项目式学习中包含不同年龄层次的学习者，其身心发展状况与认知理解能力存在明显差异，因此我们在责任担当发展目标的解读中，增加了微观层面的责任品质，以便为低龄层次学习者确立学习目标。具体而言，项目式学习中的责任担当发展目标包括生命责任担当、学习责任担当、集体责任担当与公民责任担当四个方面，如表 3-2 所示。

表 3-2　项目式学习中的责任担当发展目标

生命责任担当	1. 树立正确的生命观念，树立人与自然和谐发展的观念 2. 形成正确的安全意识和自我保护意识 3. 养成健康文明的行为习惯和生活方式 4. 加强自我管理，客观地认识自己的优点与缺点，悦纳自我 5. 形成勇于迎接挑战、积极向上的心态 6. 面对困难和挫折时能坚持不懈、持之以恒 7. 积极应对压力和焦虑，以恰当方式表达自己的情绪
学习责任担当	1. 端正学习态度，养成良好的学习习惯 2. 确定项目式学习的目标与计划，并积极执行 3. 探索适合自己的学习方法

续表

集体责任担当	1. 有集体荣誉意识，维护集体荣誉，对集体有归属感和认同感 2. 有规则意识，遵守项目式学习的纪律规则、时间规则与集体规则 3. 有领导力，能参与集体决策，主动示范引领
公民责任担当	1. 关切身边环境，如学校、社区或当地的自然环境与人文环境，热爱家乡 2. 在深入理解多元价值观和世界观的基础上思考全球性问题 3. 有真正的兴趣和能力去解决在模糊和复杂的现实世界中影响人类和环境可持续发展的问题

(3)同理心

同理心是一个心理学的概念。从认知取向上看，它是指能设身处地去理解他人想法、为他人着想的心理状态，也是一种角色选择的能力；从情感取向上看，它是一种体验他人情绪并对此做出反应的能力。在项目式学习的主题选择、与他人交往和产品设计与制作方面，需要着重关注学生同理心的培养，如表 3-3 所示。

表 3-3　项目式学习中的同理心发展目标

项目式学习过程	同理心发展目标
主题选择	1. 关心身边的人 2. 关心正在经历苦难的人 3. 关注灾难与灾害 4. 关切身边不公平的现象
与他人交往	1. 共情与移情，非暴力沟通 2. 耐心倾听关于产品的质疑与意见 3. 客观表达对于他人及他人产品的评价与意见
产品设计与制作	1. 适应角色扮演，具备假设对方观点和角色的能力 2. 运用设计思维，建立目标用户画像，了解真实需求 3. 具备反思与调整意识，寻找消除产品缺陷的解决方案 4. 学习相关示范性产品，树立风险意识

(4)真实合作问题解决

真实合作问题解决是一种同时包含社会技能(合作技能)和认知技能(问题解决技能)的高阶能力。[①] 真实合作问题解决的表现方式包括建立与维持共同的理解、采取合适的行动解决问题、建立与维持团队组织；问题解决的过程体现在探究与理

---

① 冯娉婷、刘坚：《协作问题解决素养测评及启示》，载《中国考试》，2018(9)。

解、表征与形成、计划与执行、监控与反馈等认知过程中。[1] 事实上，问题解决一直是项目式学习的核心目标，这也是部分人将基于问题的学习(problem-based learning)与基于项目的学习(project-based learning)混淆的原因之一。二者的共同点在于注重培养学生的探究能力，但基于项目的学习更加强调在真实情境中运用知识和技能解决问题，且在独立探究的基础上，必须通过合作的形式解决问题。项目式学习中的驱动问题通常会更加复杂，且学习周期相对较长。表 3-4 为项目式学习中的真实合作问题解决发展目标。

表 3-4　项目式学习中的真实合作问题解决发展目标

项目式学习流程	真实合作问题解决的表现方式		
	建立与维持共同的理解	采取合适的行动解决问题	建立与维持团队组织
项目启动	了解团队成员的特质、兴趣与能力	学习必要知识，发现解决问题所需的合作交互类型	分配团队角色，订立小组公约
项目计划与执行	与团队成员交流、讨论	创建任务清单，共同确定目标与计划，承担责任	遵守公约，分工合作，解决矛盾和争端
项目终结	共同提高作品质量	共同完成产品展示工作	共同应对外界评价
项目控制	进行资源管理与共享	开展阶段性反思	具有观众与发言意识

(5)技术运用

在这个时代，多元的渠道和对称的信息增强了人们学习的主动权。在信息爆炸的当下，收集、整合并准确理解新信息的能力至关重要。学生现在必须能够浏览和评估大量信息，这需要熟练掌握搜索、阅读与整理技术。项目式学习不仅为学生提供了理解这些信息的机会，而且提供了用他们自己的贡献来扩展这些信息的机会。技术运用是项目式学习素养发展目标中不可或缺的要素，将技术的培养与真实问题紧密结合在一起，也有利于真正提高学生的技术运用能力。表 3-5 为项目式学习中的技术运用发展目标。

表 3-5　项目式学习中的技术运用发展目标

读写技术	1. 能在多种智能终端上进行拓展延伸阅读，掌握电子阅读方法
	2. 借助自媒体进行个人写作与记录
	3. 扮演不同社会身份角色进行读写活动
	4. 掌握电子资料的整理与归纳方法

---

[1] OECD，*PISA* 2015 *Results*(*Volume* V)：*Collaborative Problem Solving*，PISA，OECD Publishing，Paris，2017.

续表

信息技术	1. 了解电子学习资源的获取渠道 2. 学习和使用项目式学习所需的相关信息和软件，利用数字化方式呈现学习成果 3. 使用在线协作工具开展合作学习 4. 具有信息安全常识，了解知识产权并遵守相关规定

(6)有效沟通

在现实社会中，任何领域的项目都存在沟通需求。无论言语沟通还是非言语沟通，背后的目的都是希望被接收、被理解、被接受，或是使对方采取行动。沟通素养是全球普遍重视的 21 世纪核心素养之一，几乎所有类型的素养框架中都会提到沟通素养。结合项目式学习流程与特征，可以将有效沟通发展目标分为有效表达、深度理解、跨文化交际三个方面，如表 3-6 所示。

表 3-6　项目式学习中的有效沟通发展目标

有效表达	1. 在讨论和产品的公开展示阶段，能清晰组织信息，掌握演讲能力 2. 学会换位思考，在考虑沟通对象的知识、信念和情绪的情况下采取不同的沟通内容与方式 3. 提升非言语沟通能力，涉及口头文字的非言语部分(如音量、语调、语速、音色等)，书面文字的非言语部分(如排版、字迹、视觉印象等)，以及肢体语言、面部表情、外貌衣着等 4. 提升功能性写作能力
深度理解	1. 深度倾听，尊重他人，关注团队成员、教师、专业人员发出的信息，并进行反思与反馈 2. 深度阅读，仔细阅读指导性文本(如学生指导手册、教师评语等)与材料文本(如专业书籍、研究论文等)，在反思的基础上可做出适当回应
跨文化交际	1. 欣赏文化的多样性，包容差异和多元，并对跨文化交际具有兴趣和好奇心 2. 灵活应对沟通中的未知情形与不确定性情况 3. 使用外语交流，了解不同国家的沟通与表达习惯，传播中国文化

综上所述，我们对项目式学习素养发展目标的每个要素进行了详细的解读，所有的素养发展目标最终指向创新创造素养的提升。与传统学习相比，项目式学习为学生提供了更多发挥创新创造能力的空间。在项目式学习中，学生需要创造性地解决真实情境中的问题。这个过程需要他们调动所有的知识、能力与品质，提出有价值的问题，秉持着质疑精神与开放态度，与团队成员一起将想法变成行动，并最终产生原创的观点、方案或作品。

（三）拟定驱动问题

驱动问题是项目式学习的"灯塔"，好的驱动问题能够激发学生的学习兴趣与探究欲望。与项目式学习的主题设计一样，当我们在设计驱动问题时，同样需要考虑它是否能够连接真实世界，是否能够连接课程与概念，以及是否能在有限的时间与空间资源下完成学习。

1. 何为驱动问题

驱动问题是项目式学习设计的关键部分，所有的学习和评价环节都应该围绕驱动问题来进行组织，以此促进学生对于现象的探索，实现课程的连贯性。对于学生而言，驱动问题的主要作用在于帮助学生理解学习的意义，并促使其主动学习和探究。对于教师而言，驱动问题是项目式学习设计的核心，它可以将所有的教学设计串联起来。驱动问题的英文是 driving question，而不是 driving problem。在英文语境中，"question"通常代表主观层面的疑问、提问或质疑，是待回应的问题；"problem"代表客观存在的困难、困境、困惑，是待解决的问题。由此，我们也可以为驱动问题下一个简单的定义：驱动问题是引导学生学习和教师教学设计的、贯穿项目始终的回应性问题。

高质量的驱动问题具有什么特点？事实上，已经有很多专业机构和专业人士给出了答案。例如，巴克教育研究所提出好的驱动问题必须满足三个条件：吸引学生、开放式与契合学习目标。[1] 夏雪梅认为高质量的驱动问题应该指向学科本质，能够引发学生的高阶思考，兼具驱动性与挑战性。[2] 综合诸多观点，以及我国学校开展项目式学习的实际情况，我们认为高质量的驱动问题应该具备以下特征。

第一是开放性问题。驱动问题的作用之一在于激发学生强烈的好奇心、求知欲与反思。相较于事实性问题，开放性问题通常更容易实现这一目标。一个好的驱动问题，尽量不要被设计成一个可以直接回答的问题，或者可以通过搜索引擎一键找到的问题。如果细心观察就会发现，开放性问题通常用"如何""怎样""为什么"作为句首。例如，如何帮助公众了解身为公民的基本权利与义务？但是，我们并不能用表述形式来判断问题的开放性，判断问题开放性的标准应该为具有不唯一的答案或

① ［美］约翰·拉尔默、［美］约翰·梅根多勒、［美］苏西·博思：《PBL 项目学习黄金标准：精准教学新方法》，胡静、张昱华、鼓红玲译，91 页，北京，光明日报出版社，2019。
② 夏雪梅：《项目化学习设计：学习素养视角下的国际与本土实践》，53～57 页，北京，教育科学出版社，2018。

表现形式来回应问题。例如，认识违法行为是必要的吗？为什么要学习调控情绪？

第二是可持续性问题。高质量的驱动问题一定是具有可持续性的问题，它需要经过学生的深度学习和反思才能给出答案，且问题本身能够揭示出某一话题背后的真正价值，具有迁移的可能性。[①] 可持续性的驱动问题有利于培养学生的淘金式思维，并促使学生自发产生问题。举例如下。

①如何为我们班级量身定制一套班规？（驱动问题）

②我们班级的基本情况如何？（基础问题）

③我们班级需要制定哪些类型的班规？（基础问题）

④哪些规则能够帮助我们班级更好地发展？（迁移问题）

第三是适度挑战性问题。在最近发展区和多元智能理论的指导下，驱动问题的设计可以更加多元。虽然驱动问题需要具备一定的挑战性，但这种挑战性一定是适度的。换言之，驱动问题不能过于复杂或者太难回应，否则学生会认为整个项目超出了他们的能力范围，且很容易出现教师或者家长代替学生学习的情况。由于学生的知识基础、学习偏好和认知风格不同，因此他们对于驱动问题的挑战性认识也存在差异。为此，教师应运用通用学习设计的思维，设计不同梯度的分解驱动问题来满足不同学生的学习需要，确保每个学生都能参与并投入项目式学习，尤其是聚焦边缘学生的学习需求，帮助他们获得成功的学习体验。

第四是与真实世界相关联的问题。置于现实生活中的问题往往能够增强学生学习和寻求解决方案的动力。试想一下，当我们把驱动问题设置为"我们喜爱产品的真实价格是多少"时，学生的反应如何？学生可能会先热闹讨论一阵子喜爱的产品有哪些，并确定几种大家普遍喜爱的产品或品牌。接下来，教师会引导学生进入正式的学习环节：扮演调查记者或研究者，去探究产品的起源、生产、运输等方面。根据产品目标，学生会以研究报告的形式呈现学习成果，并最终制作一本面向公众的科普杂志。该报告包括数学推算、新闻纪实、历史分析等内容。

第五是符合伦理性的问题。任何驱动问题都应该是合乎道德的。换言之，回应驱动问题不能对任何人或者事物造成伤害甚至带来危险。当驱动问题是以特殊人群为对象时，尤其要注意这一点。教师也可以借此机会，培养学生的同理心。

2. 如何设计驱动问题

驱动问题要具有吸引力，关键在于学生能够理解问题并认同。因此，在设计

---

① ［美］格兰特·威金斯、［美］杰伊·麦克泰格：《追求理解的教学设计》第二版，闫寒冰、宋雪莲、赖平译，120页，上海，华东师范大学出版社，2017。

驱动问题时，教师不妨听听学生的声音，不能一味地凭借自己的主观意志来设计，要将真实生活中的问题转化为驱动问题。如果想使驱动问题更有吸引力，应该多听听学生的声音，因为他们是学习的主体，他们自己提出的问题也更能反映出知识盲区。尽管我们一直强调项目式学习中的驱动问题必须和真实世界产生联结，但这并不意味着在真实生活中遇到的所有问题都适合作为驱动问题。在常规教学任务日益繁重的现实情况下，如何基于单元学习提出驱动问题是诸多教师设计项目式学习时的难点所在。以下两种驱动问题设计思路可以为教师提供参考：其一，将真实生活中的问题转化为驱动问题；其二，将课程学习中的问题转化为驱动问题。

（四）设计实施方案

为了帮助学生回应富有挑战性的驱动问题，我们可以将一次完整的项目式学习分解成若干个可控的任务学习。基于驱动问题的项目任务分解能够进一步降低学习的难度与问题的复杂程度，从而提升实施中的可操作性。因此，在项目式学习实施方案中，项目任务的分解是不可或缺的一环。项目式学习以整体性的项目为主线，其教学活动配合项目执行的过程而开展，最终成果以产品的形式来呈现。

在设计项目式学习实施方案时，务必记住如下两个原则。

第一，完备原则。尽管项目式学习重视培养学生的自主学习能力，但这并不意味着教师可以"完全放手"。相反，教师设计项目式学习实施方案的工作量通常要远大于平时的备课量。这是因为在设计项目式学习实施方案中，不仅要提供充足且适切的学习支架与资料包，还要考虑时间进程、人员安排、学习场地、外部对接支持、沟通成本、产品形式等多种因素。为了保证项目式学习在实施过程中能够有序推进，设计尽可能详尽和完备的项目式学习实施方案十分必要。

第二，灵活原则。项目式学习实施方案设计是一个动态调整的过程。在项目式学习中，学生有可能提出很多新的问题。在时间和其他条件允许的情况下，教师可以适当调整学习方向和内容，或者将这些问题记录在下一次的迭代方案中。对于那些涉及研学旅行或需要外出的项目式学习而言，还可能会受到一些外部因素的影响，如天气因素、安全因素、人为因素等。因此，在我们全力以赴设计主方案的同时，对于一些容易出现问题的环节，也要做好准备。

需要注意的是，当我们在设计项目式学习实施方案时，必须要思考，甚至预见自己和学生可能会遇到哪些挑战，会在哪个环节遇到阻碍。

（五）设计评价方案

在项目式学习中，评价的目的是让教师获得"教到什么程度"的证据，它与学习目标是紧密相连的。对于学生而言，评价的意义在于帮助学生从不同的角度来看待他们正在做的事情，使他们通过评价获得更多的反馈。为了保证学生能够达成学习目标，教师必须清楚地意识到教学过程中应该关注学生哪些方面的表现，以及通过设计何种项目任务来提升学生的素养。

与传统评价不同的是，项目式学习评价融入整个项目，即对学习进度和学习内容进行过程性关注。这有利于教师及时应对项目式学习中的不确定性，并看到学生在项目式学习中的成长历程。同时，项目式学习多是一种正向的改善性评价。它不会否定任何工作，而会通过讨论、提问、答辩、反思等方法来优化未来的工作。

表 3-7 为传统学习评价与项目式学习评价的对比。

表 3-7　传统学习评价与项目式学习评价的对比

维度	传统学习评价	项目式学习评价
评价目的	检测教学效果；甄别与选拔	支持过程性教学调整与优化；提升学生的学习动力
评价方式	纸笔测验为主，重视等级评价等	依据学习目标，开展真实的表现性评价、过程性评价等多元评价
评价内容	知识的记忆、理解与运用	学科知识的掌握与理解程度、核心素养发展水平、社会情感品质、项目产品质量等
评价主体	单一的教师评价为主	多元评价主体，如学生、教师、家庭、专业人士、社区人员等

在项目式学习设计中，评价内容与学习目标必须保持高度一致。项目式学习评价方案可以涉及学生表现、阶段性产品、教师表现、项目运行等多方面，对学生的评价应该与学习目标进行对接，对项目的评价应该与学习环节对接，对产品的评价可适当借助专业支持。至于评价工具和评价方法使用，需要根据具体的评价目的和实施情况来确定。项目式学习评价方法是多元化的，一个完整的项目式学习评价可以运用多种评价方法。

三、为何需要项目式学习①

信息化、智能化时代的到来，让社会更加充满复杂性、不确定性。在诸多领

①　该部分内容主要引用自桑国元、叶碧欣、王翔所著的《项目式学习：教师手册》（北京师范大学出版社 2023 年版）第一章。

域，人类自身巨大生产力的权威性将受到巨大挑战。当前生产发展对科学技术的依赖日趋加重，科技发展模式也已由传统的"生产—技术—科学"转向为"科学—技术—生产"。科学技术的持续发展与其在生活中的普及应用，都必须通过教育这一中介培养出的高质量、高素养团队和人才才能得以实现。

项目式学习全方位对照出当下教育者在教学实践中的困惑与潜在危机，也暗合了核心素养时代、素养本位课程提出的大背景。也就是说，项目式学习本身就是教育中核心的教学思想与教学方法；项目式学习始终指向核心素养与关键能力的培养。项目式学习特别强调以平等、民主为核心的合作意识，说明项目式学习与传统教育中固有教学形态、课程形态的区别，而这种区别恰恰就是教育改革的"良药"。

（一）深化教育改革的需要

众所周知，我国教育取得了不少长足的进步，但是随着时代的发展，也暴露出一些不足。无论教育理念的革新还是新的教学体系的形成，抑或是教育的目标、内容、组织方式、评价等具体方面，都无法满足当下国家与社会发展的需要。21世纪是一个界限消融的"平面世界"，其需要的并非成堆的知识分子，而是大量受过教育、会感觉、会行动、会思考的人。这种人会解决问题、会协作、会沟通、会关心。为培养这种人，素养本位学习应运而生。①

有学者指出："几乎所有的教师都明白19、20世纪工业文明对学校组织结构、教育方法的重大影响。教育工作者必须意识到学校的发展必须顺应新时代的发展。孩子们不仅仅需要知识，还需要能力，这样才能够成功。社会需要高素质的劳动者，他们能够计划、协作与沟通，也要求年轻人能够承担责任，扮演好世界公民的角色。"②这段话实际上饱含着一种巨大的危机意识，因为作为教育前沿的一些理论研究者，尤其是那些经历过"以知识为中心""唯知识论"时代的学者，他们认为我们的教育容易陷入科学主义、实用主义的危机。这也带来教学方式、评估方式、课程设计等多方面的问题，使教育的育人功能退化，更无法培养批判性思维、创新思维等。③在我国教育的转型期，带有跨学科、情境化以及问题解决特征的项目式学习

① 钟启泉、崔允漷：《核心素养研究》，2～3页，上海，华东师范大学出版社，2018。

② ［美］巴克教育研究所：《项目学习教师指南——21世纪的中学教学法》第2版，任伟译，3～4页，北京，教育科学出版社，2008。

③ 郑国民、张毅、季雪娟等：《当代语文教育论争》，4页，广州，广东教育出版社，2006。

就是教育改革的一个重要桥梁。

（二）消解教育对立的需要

项目式学习有助于解决人才教育与大众教育的对立化问题。创新思维培养特别强调人才教育，这与大众教育的矛盾更加突出。这不仅仅是我国要面对的问题。2002 年，美国政府提出《不让一个孩子掉队法案》。这表明美国基础教育政策逐渐加强对教育公平的追求，大众教育的理念深入人心，英才教育缓慢发展。然而面对在国际性测试中的落后问题，人才计划没能顺利实施。美国在 2015 年颁布的《每个学生都成功法案》中重新恢复对英才教育的关注与支持，强调公平与卓越并举。

我国有些地区在条件未成熟的情况下，贸然采用"十年名校集团化"的策略，客观上完成了"百年真名校"的目的，侧重公平、淡化效率的方式确实照顾了大众教育。可是有些人才再也无从精确培养，变成了另一种不公平。所以，我们也不得不面对人才教育与大众教育是否存在矛盾的问题，这也是政策选择的问题。

在我国高等教育的毛入学率以及研究生的数量都跃居世界第一的趋势下，大众教育与人才教育如何寻找平衡点，这就非常关键。随着社会消化能力、高等教育性别结构的变化，一旦失业的大学生越来越多，人们怀疑教育有无必要的时候，大众教育为主的教育模式也会面临一系列挑战。我们需要接受更好的教学方法，接纳更好的教育理念。在这样的世界背景下，我们有理由相信，项目式学习确实是属于 21 世纪的教学方法。

（三）学生主体发展的需要

项目式学习全程伴随现代教育出现、发展的全过程，其"适者生存"的天然基因与当下知识经济时代的发展具有天然的匹配度；项目式学习的根本目的是培养人。工业文明的时代已经打破了传统农业社会的很多模式，人的地位获得极大认可。这与项目式学习中的社会关系的基本原则——民主平等相关；项目式学习始终把学生放在主体位置。虽然教师全力参与其中，但是还有根本性的撤退，因为这是"做中学"而非"教中学"的理念，特别注重社会真实场域，强化公民的责任意识；项目式学习中的项目具有真正意义上现代社会任务的特点。在一般情况下，学生多是在虚拟情境中完成某些任务或者项目，包括离开学校后即将从事的职业工作。但是项目式学习打破了虚拟情境，力求真实，强调行动力。现实世界正是由一个个具体的"项目"组成的。所以，项目式学习自然是大势所趋。项目式学习重视思维品质的提升。对批判性思维、创造思维"情有独钟"，这是项目式学习的核心要素，而且是 21 世纪各国教育根本的竞争。

那么，什么样的教学方法能够胜任当前的教育使命？可以说，项目式学习就是选择之一，这是因为项目式学习重视非认知能力的培养。巴克教育研究所引用来自世界各地教师对项目式学习的评价，认为项目式学习克服了知识学习与思维实践的割裂状况，帮助学生不仅学会"知"，而且学会体验"行"；支持学生学习和实践以下技能，即解决问题、沟通与自我管理技能①；鼓励培养学生以下相关的思维习惯，即终身学习、社会公民责任、个人发展与事业成功；整合课程领域、主题教学与社区问题等；采用和职场类似的评价标准，对学生掌握课程内容和技能情况进行绩效评价，鼓励学生做事之前先考虑绩效标准，设立目标、不断提高表现水平；在多样的学生小组中创建积极的沟通氛围与合作关系；满足不同学习风格和技能水平学生的学习需求；吸引并鼓励厌学或对学习漠然的学生参与项目式学习。

1918 年，克伯屈(Kilpatrick)在《哥伦比亚大学师范学院学报》上提出了项目式学习至今，在各领域的发展上功不可没，而且一直是当下各国采用的核心教学方法。另外，项目式学习之所以还能够再度崛起，实际上与教育心理学、人类学的发展史密切相关的。② 所以，非认知能力的开发也是项目式学习的"身份证"。而且，在这样的努力下，我们看到了一种基于项目式学习的人才培养模型，也就是我们一直想寻找一个更为具象的答案，能够更大限度地聚合这些素养，最终形成了未来人才"BE SMART"能力模型(见图 3-4)。在这个人才培养模型中，我们分别看到了未来人才的能力，换言之也就是各种素养的集合。这与美国、日本所提出的素养架构非常吻合，也与我国提出的核心素养育人目标有了更多的交集。而且仅就这个模型来说，我们可以看到一些更明显的特点。比如，学习已经从学校向外延展，而且人才培养更加重视个性化定制式学习过程。当然，有一点必须特别说明，项目式学习本身没有排他性，它可以与其他教学方法搭配，在有限资源的条件下充分利用现实、真实问题，设定任务、组织项目；在真实的情境下培养学习者解决问题的能力。

---

① ［美］巴克教育研究所：《项目学习教师指南——21 世纪的中学教学法》第 2 版，任伟译，5～6 页，北京，教育科学出版社，2008。

② 单中惠：《现代教育的探索——杜威与实用教育主义思想》，190 页，北京，人民教育出版社，2002。

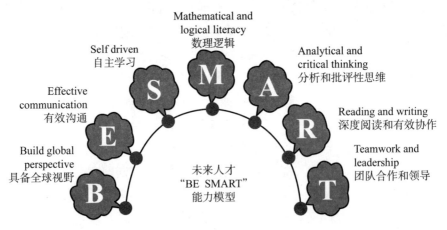

图 3-4　未来人才"BE SMART"能力模型

专题四
跨学科主题学习

在中小学，跨学科主题学习是一个重要的亮点和热门话题。从某种程度上讲，学科教师，不管愿意不愿意跨学科，也不管会不会跨学科，必须面对跨学科主题学习的挑战。也就是说，语文教师除了要教语文，还要开展跨学科主题学习；数学教师除了要教数学，还要开展跨学科主题学习；物理教师除了要教物理，还要开展跨学科主题学习。依此类推，每位学科教师都是如此，都要承担跨学科主题学习的教学任务。进一步讲，有相当一部分学科核心知识的学习，需要融入跨学科主题学习，通过跨学科主题学习来完成。这是加强学科之间的联系、带动课程综合化的重要策略，也是促进综合学习、综合教学的重要举措。为此，需要深入探讨跨学科主题学习的课程政策意义和推进策略。

一、跨学科主题学习的课程政策意义

跨学科主题学习是指为培养跨学科素养而整合两种及以上学科内容开展的主题教学活动，具有综合性、实践性、探究性、开放性、操作性等特点。从义务教育新课程方案的规定来看，新的义务教育培养目标要求在增强综合素质上下功夫，把"加强课程综合，注重关联"定为基本原则，要求"统筹设计综合课程和跨学科主题学习""开展跨学科主题教学，强化课程协同育人功能"，明确提出"各门课程用不少于10％的课时设计跨学科主题学习"。[①] 这就意味着跨学科主题学习是加强课程综合化和课程协同育人的重要课程板块，是培养学生综合素质的重要载体。

（一）重视综合素质培养

一般而言，现实问题的解决常常不是依据学科知识事先对应好的现成策略按部就班地进行的，而恰恰是需要获取和综合运用所有知识而展开探索的过程。与此相对照，长期以来的课程与教学设计，各学科相互隔离，科目之间缺少必要的联系和整合，导致学生的综合素质普遍欠缺。现在设置跨学科主题学习的课程板块，就是为了打通各学科之间、学科知识与学生经验和社会生活之间的联系，让综合素质的培养更加有课程政策上的保证。

在义务教育课程方案和课程标准中，跨学科主题学习又叫跨学科主题学习活动，也有综合学习、综合与实践、综合主题学习等类似的说法，指的是同一件事情。总的原则是，跨学科主题学习的每门课不能少于10％的课时。

---

① 中华人民共和国教育部：《义务教育课程方案（2022年版）》，4～12页，北京，北京师范大学出版社，2022。

值得注意的是，在日常语境下，跨学科是个相对概念。比如说语文课程的主题学习，是学科主题学习还是跨学科主题学习？相对于语言学、文字学、文艺学而言，语文其实是跨学科的综合课程，语文课程标准也将语文课程定位为综合性、实践性课程。所以，语文主题学习应是跨学科主题学习。同样，相对于音乐、美术、戏剧、舞蹈而言，艺术主题学习也是跨学科主题学习。再如，音乐课程传统上是把戏剧和舞蹈涵盖其中的。所以原来的音乐主题学习其实也是跨学科主题学习。还有数学，相对于算术、代数、几何等，也是跨学科的。代数跟几何不是一回事，平面几何和立体几何也不是一回事。相对于那些细分出来的分支学科，数学课程也是跨学科主题学习。

那么，到底如何来理解课程政策意义上的跨学科主题学习呢？现阶段比较有操作意义的理解是，以国家颁布课程标准的现有各门具体课程就是学科或科目课程为基准，涉及两门及两门以上学科或科目课程的主题学习也就是跨学科主题学习。比如，语文只涉及语文主题的学习就叫语文主题学习，涉及语文以外的其他某一门或某几门学科主题的学习就叫跨学科主题学习。基本的政策意图是，希望有更多的科目整合在一起的主题学习，以便为学生综合素质的培养提供更好的载体。同时，也希望各学科教师树立分工合作的思想观念，大家都要在共同育人目标的统领下，强化学科之间的相互联系，彼此照应，相得益彰，协同育人。

2001年启动基础教育课程改革以来，为培养和提高学生的综合素质，国家采取过一系列加强综合课程建设的政策措施。比如，将音乐、美术等合并为艺术课程，将体育、生理卫生合并改造为体育与健康课程，将自然、常识等合并改造为科学课程，将研究性学习、劳动技术、信息技术、社区服务和社会实践等整合为综合实践活动课程等诸如此类措施，对于培养学生的综合素质起到了一定的推动作用。但与时代发展的要求相比，综合化教育的力度还是显得比较薄弱，面临不少现实困难和挑战。一方面，学生综合素质评价改革的力度和配套政策措施有些滞后，评价导向作用并不显著。另一方面，综合课程实施的体制机制不是很顺畅。特别是，综合实践活动课程本来是培养学生综合素质的重要载体，但实行下来困难和问题不少。比如，由于学科建设、教师培养、职称晋升、教研活动、考试评价等方面都缺少实质性的配套措施，同时缺乏普遍的观念认同和支持氛围，一些教师不太愿意上综合实践活动课。

那么现在跨学科主题学习是所有学科教师都要在自己任教科目中必须承担的教学任务，相对于综合实践活动课程而言，是更加可行的培养学生综合素质的课程政策安排。这样的课程设计对于更好地推动课程综合化，对于综合实践活动课程落地，具有重要的现实意义和作用。

目前，核心素养都是按照不同学科来分别凝练和表述的，总体上是学科核心素养的概念，还没有凝练出明确的跨学科核心素养。一种可能的考虑是，如果一步到位，既有学科核心素养，又有跨学科核心素养，难度比较大。如果先易后难，把学科核心素养弄得有一点眉目了，再凝练跨学科核心素养，可能就更有基础，也更容易一些。当然，国家课程方案和课程标准没有明确提出跨学科核心素养，也有一个好处，就是为一线的课程教学创新释放某种政策空间，让课程实施保持一定的弹性。各学校可以试着去做，去凝练学校自己的跨学科核心素养。这个弹性空间用好了会有创造性的成效，因为国家给了政策，设置了跨学科主题学习的课程板块，但并没有统一规定的跨学科核心素养。学校可以结合实际，努力凝练出学校认为应该培育的跨学科核心素养。

（二）强调知识整合、问题解决与价值关切

在很大程度上，跨学科主题学习不能脱离学科而单独存在，应以学科内容，尤其是学科核心知识和思想方法为主干，运用和整合其他学科的相关知识和方法，围绕一个中心主题、任务、项目或问题，开展综合性学习活动，发展学生的跨学科核心素养。长期以来，在这种指向标准化考试的课堂中，每门学科之间并无交集——学生在科学课学习科学知识，在数学课学习数学知识。但是，现实世界可不是做数学题。现实世界的不同之处就在于你要把所有的知识技能都放在一起来解决一个问题。① 也就是说，学生必须获得更多跨学科主题学习经验，发展综合运用知识技能解决更多现实问题的能力，形成跨学科核心素养，才能应对更为复杂的现实生活中的问题。

学校各门课程都在教学生学习学科知识，但学生怎么把学科知识用起来，综合地解决问题，一直是个难题。在现实生活当中，一个学生走出学校的时候，甚至生活在校园中的时候，所面临的问题绝大多数都不是单一的学科问题，而是必须动用各门学科知识才能加以解决的综合性问题和复杂性问题。所以，在中小学学习知识的时候，就要有一个不断整合的机制，让学生有综合运用学科知识来解决真实问题的机制。这就要求设计跨学科主题学习的时候，必须有知识整合，还要有问题解决，要综合运用各种知识来解决真实问题。而且，解决问题的能力是有价值导向的，要把个人价值与社会价值统一起来。有些人能力很强，能够综合运用知识、善

---

① 杜文彬、刘登珲：《美国整合式 STEM 教育的发展历程与实施策略——与 Carla Johnson 教授的对话》，载《全球教育展望》，2019(10)。

于获取知识解决问题，但是偏于实现个人价值，忽视社会价值。这种现象值得学校教育进行反思，不断强化问题解决能力培养的价值关切。跨学科主题学习的重要意义之一在于整合运用不同学科知识开展主题式、任务型、项目化学习，打通学生经验、社会生活和学科知识之间的联系，做中学、用中学、创中学，实现个体价值和社会价值的统一，促进学生整体世界观和健全人格的发展。

（三）带动课程综合化实施

自 2001 年开始设置综合课程，特别是开设综合实践活动课程以来，课程综合化实施取得重要进展，涌现出一批培养学生综合素质的实践成果。但也存在诸如综合素质培养主要靠综合实践活动课程、跟学科教师关系不大等认识误区，以及综合实践活动课程师资不足、人事编制少和职称晋升机制不畅等现实困境。

现在新的课程方案和课程标准规定，每门课程都开展跨学科主题学习。这就意味着，在实践路径上，每门课程都要培养学生的综合素质，从而形成培养学生综合素质的普遍基础和整体氛围，加强学科间的相互关联，强化实践性要求，带动课程综合化实施。

就国家课程而言，在课程综合化方面，从综合课程到综合实践活动课程，再到跨学科主题学习，已然形成课程整合实施的基本策略。通过跨学科主题学习活动，每位学科教师都可以积累课程整合实施的经验，从而更好地带动和形成越来越多的课程整合实施模式。特别是在"双减"政策背景下，尤其需要通过课程整合实施，解决碎片化教学所造成的低效重负问题，形成相应的专业能力和体制支撑，在行政管理和专业能力建设上形成课程整合实施机制。

就地方课程和校本课程而言，也要贯彻综合化实施课程的政策精神，减少并行科目，压缩碎片化教学的时间和空间，建立课程整合实施的联动机制，促进减负、增效、提质。

二、跨学科主题学习的推进策略

（一）统筹协调

学校是跨学科主题学习的真正实施单位，要在统筹协调国家课程、地方课程和校本课程的基础上，探索跨学科主题学习的实施策略。具体而言，学校需要对跨学科主题学习开展分类别统筹协调、分年段统筹协调和分科目统筹协调，从而避免跨学科主题学习实施过程中出现简单重复和结构失衡的状况。统筹协调策略如果进一步细分的话，有学校层面的统筹协调、年级层面的统筹协调、学科层面的统筹协调等实践路径。

比如，分类别统筹协调。关于跨学科综合学习的类别划分，尽管研究者存在不同的认识和主张，但这些成果都可以为分类别统筹协调提供某种参考。需要强调的是，跨学科是以有学科学习基础为前提的。一个学生在学习学科之前，其认识世界的方式往往也是综合的，但这种综合是前学科水平的综合，比较初级和混沌，并不是真正的跨学科综合。只有当学生开始学习学科并达到一定水平时，跨学科综合学习才有相应的学科基础，也才更有培养综合素质的可能性。这就需要对不同学段的跨学科主题学习进行定位和协调。在1～2年级，适合的选择主要是前学科的综合主题学习，重点在于综合主题学习的形式和内容是有趣的，基本模式是学科主题＋学生个体生活经验＋周围生活环境，确保学科主题学习贴近学生个体生活经验和周围生活环境，搭建学生喜欢上课、喜欢学习的平台。在3～4年级，适合的选择主要是以本学科为主的跨学科综合主题学习，重点在于综合主题学习的形式和内容是有方法和有效的，基本模式是学科主题＋学生个体生活经验和周围生活环境＋其他学科主题，搭建学生有效学习的平台。在5～6年级，适合的选择主要是以本学科为主的跨学科综合主题学习，重点在于综合主题学习的形式和内容是有方法和有创意的，基本模式是学科创意主题＋学生个体生活经验和周围生活环境＋其他学科创意主题，搭建学生创意学习的平台。在7～9年级，适合的选择主要是以本学科为主的跨学科综合主题学习，重点在于综合主题学习的形式和内容是有责任的，基本模式是学科意义主题＋学生个体生活经验和周围生活环境＋其他学科意义主题，搭建学生负责任地学习的平台。从喜欢学习到有效学习，到有创意地学习，再到负责任地学习，是跨学科主题学习由外在的学习形式扩展到内在的学习本质的发展变化过程。这种由外到内的转化思路对于跨学科主题学习的统筹协调具有重要的指导意义。

也有研究者把跨学科综合学习分成跨学科(以某一学科为主融入其他学科)、多学科(两门及两门以上学科并列拼合)和超学科(以综合性课题带出不同学科)三种类型。这种分类在理性上是成立的，但在学校教育教学实践中，这种分类的边界并不清晰，不是很好把握。对于中小学教师而言，从内容领域来进行类别划分，相对而言要好操作一点。从内容领域归口来看，大体上可以分为文科综合类的跨学科、理科综合类的跨学科和文理综合类的跨学科。以此分类制订统筹协调表格工具，据以进行统筹协调，是一个可能和可行的策略选项。表4-1为学校层面统筹协调示例。

表 4-1　学校层面统筹协调示例

年级	主导科目	学期	单元	课时	跨学科主题类别			实施形式		课程类属		
					文科综合	理科综合	文理综合	自主教学	协同教学	国家课程	地方课程	校本课程
六年级	语文	六年级上	5	10	人类飞行梦想			√		√		
	数学	六年级上	2	8		校园测绘与绿化		√	√	√		√

　　在学校层面，可以集思广益，综合考虑国家课程、地方课程和校本课程的定位和功能，凝练出一个或几个大的跨学科主题，然后在学科教学、综合实践活动课程、地方课程、校本课程、班团队会活动等层面，分解和细化为若干中主题、小主题。这样就可以形成一个学校各年级相互配合、各有侧重的跨学科主题学习统筹协调，做到既有整体的结构，又有分项的落实。

　　此外，在分年段或年级层面以及分科目或学科层面统筹协调方面，策略上大同小异，思路是差不多的。

（二）任务化

　　学习任务是指在规定学习时间内完成某种设定主题要求的作品、作业、方案、设计、项目、实事等事项。它既可以是学科主题学习任务，也可以是跨学科主题学习任务。与学科主题学习任务相比，跨学科主题学习任务只是更加凸显跨学科的要求，即在规定学习时间内完成某种设定的跨学科主题要求的作品、作业、方案、设计、项目、实事等事项。学生完成其中某个事项，需要学习或运用两门及两门以上学科的核心知识。跨学科主题学习任务可以是由一个核心任务和若干分项任务所构成的学习任务群。

　　值得注意的是，必须明确跨学科主题学习任务化的目的。教学对于学生的功能主要有两个：一是学会，二是会学。就学会而言，讲授教学是可以胜任的。但就会学而言，讲授教学就力不从心了。教师讲跨学科的知识，学生听跨学科的知识，学生是可以学会的。但这是接受性学习。学生学会的是跨学科结论或专家结论，很难形成跨学科思维或综合性的专家思维。这就需要改变讲授教学的形态，通过主题学习任务推动学生的学科实践和跨学科实践，把学科和跨学科的核心知识嵌套在学习任务当中，帮助学生自主学习和合作学习完成任务所必需的核心知识，既学会专家结论，又发展专家思维，从单一的学会功能转向学会的同时会学的双重功能，实现学会与会学的功能叠加。

跨学科主题学习任务或项目是一个改变内容呈现方式和学生学习方式的课程与教学载体。从某种意义上说，新的课程方案和课程标准所倡导的任务型、项目化、主题式、问题驱动等教学形态，本质上是同一件事情，目的就是要让学生的学习方式更具主动性和探究性，学习内容更具情境性和应用性。其重点是通过任务、项目、主题和问题，做实学科实践，即把学科和跨学科的核心知识与学生学习活动叠加在一起，成为一个有机整体，强化学科知识、学生经验与社会生活的联系，促进学生做中学、用中学、创中学，不断优化学生的知识结构，培育学生的核心素养。

通俗来讲，原来通过讲授教学要求学生学习的核心知识，现在通过项目化、主题式、任务型教学引导学生学习。核心知识本身没有改变，改变的主要是两个方面：一是知识呈现的方式，从直接呈现学科知识转向嵌套于任务、项目中而进行知识重构。二是教和学的方式，从教师讲、学生听转向通过完成任务和项目以及为解决问题而主动探索知识、发现知识、运用知识，即用即学，即学即用。这样学生在学会的同时更加会学，更好地体现了面向未来、探索未知的学习本质。

任务化的要义是让跨学科主题学习"学什么""怎么学"的问题能够做实，使教师对教学过程有确信感，便于操作。为此，跨学科主题学习任务要实现如下两个综合。

其一是综合学习内容。即以学习任务为内容聚合机制，突破分科教学的学科壁垒，基于问题解决需要，结合学生的年龄特点和不同学科性质，合并、重构跨学科知识技能的结构，整合运用多种思想方法、探究方式和价值观念等，嵌套跨学科知识图谱，形成综合内容组织和学习活动单位，开发基于跨学科核心素养的大观念、大主题和大任务的主题学习内容，使其"少而精"。

其二是综合学习方式。即以学习任务为动机激发机制，转变教师讲、学生听的习惯性教学形态，探索任务型、项目化、主题式和问题解决等综合教学方式，更多体现做中学、悟中学、用中学、创中学，在学习方式层面落实育人方式改革。"跨学科学习是一种融知识综合与问题解决于一体的深度学习方式，是素养时代课程整合的重要实施途径。"[1]

另外，跨学科主题学习任务是一种综合学习任务。这个综合学习任务需要切分

---

① 安桂清：《论义务教育课程的综合性与实践性》，载《全球教育展望》，2022(5)。

成若干构成要素才能变得可操作。如果学习任务不切分，是没有办法进行实际操作的。但是如果只切分不整合，那么就容易碎片化，造成不同知识的相互割裂，降低教学成效。所以切分和整合要交替运行，可以有先合后分、先分后合、边分边合等多种策略选择，但它们共同指向的是综合学习任务的完成，特别是综合性品质和核心素养的培育。

当前，尤其要站在培养有理想、有本领、有担当的时代新人的高度，选取两门及两门以上学科的节点性大观念、综合性主题和主干知识内容，进行问题式或项目化学习任务设计，根据问题解决和探究学习过程的需要，重塑学科知识和技能结构，引导学生自主、合作、探究学习，改善学生的学习体验，促进学生的深度学习，提高学生综合运用多种学科知识分析问题和解决问题的能力，发展学生的跨学科核心素养。

（三）跨学科主题学习与学科主题学习交融互渗

由于在每门学科课程中都有跨学科主题学习安排，那么跨学科主题学习就与学科主题学习一起构成一门学科课程的整体结构，共同支撑学生综合素质的培养。每门学科课程在课时确定的情况下，其学习活动结构既包括学科主题学习，也包括跨学科主题学习。这样，两种学习可以穿插安排，能够交融互渗，彼此支撑和促进。

一方面，"以领域活动或任务为载体发展学生学科核心素养的同时，也有可能内在地承载着多个跨学科核心素养的培养。两者之间不应是简单的抽象与具体的关系，更应该理解为一种相互交融的关系，应该结合具体的情境、领域、任务或活动具体分析"①。另一方面，跨学科主题学习不是对学科主题学习的否定，而是需要以学科核心知识概念为依托，开展综合化程度更高的深度学习，避免跨学科主题学习流于"跨而拼凑""跨而不精"等浅层学习层面。任务化不是不要学科知识，而恰恰是任务当中包含要学要教的学科核心知识。只不过是通过学生完成任务，而不是教师直接讲授，从而改变学生的学习方式，更好地实现会学的功能。

当然，跨学科主题学习在很大程度上是解决广度的问题，学科主题学习是要解决深度的问题。两者要结合起来，相互依托，交融互生，形成相互促进的关系，共同实现协同育人功能。跨学科主题学习作为课程板块，除了与学科主题学习交融互渗，还需要考虑跨学科的协同组团式教学安排。不同学科教师可以分工

---

① 杨向东：《关于核心素养若干概念和命题的辨析》，载《华东师范大学学报（教育科学版）》，2020(10)。

合作，协同教学或统筹协调，避免出现跨学科主题学习的简单重复、雷同或结构性缺失问题。

三、跨学科主题学习的单元设计思路

按照义务教育课程方案的规定，每门学科不少于10％的课时用于跨学科主题学习，这是一个整体性的要求。事实上，学科教学没有办法每一节课都去跨学科，只能按照一个一个的单元来进行规划和设计。所以，跨学科主题学习单元要更多定位为学习活动单元，而不只是传统意义上的学习内容单元。它强调把学科和跨学科的核心知识与学生的探究学习整合在一起，落实培育核心素养的学科实践和跨学科实践。

在一门学科里面，跨学科主题学习到底是安排几个单元比较好呢？虽然课程标准里面有一些建议，但是在实际操作当中，重要的是把握不少于10％的课时这个要求。也就是说，可以等于10％，也可以大于10％，学校和教师在操作上是有一定弹性空间的。还有具体的教学工作没有那么精确，只要能够保证底线10％的课时就可以了，并无在10％课时的基础上往上浮动多少课时的规定。对于不同的教师、不同的任教科目、不同的学段，跨学科主题学习的表现形态是可以有差异的。到底是一个单元达到10％的课时，还是两个单元达到10％的课时，完全可以视具体实际情况而定。一般来讲，一个学期一门学科的单元数量，有几个或十来个。那么，以十来个单元的10％来算，基本上一个跨学科主题学习单元就能够解决问题了。就多数学科而言，一个学期按照教材的设计总共就几个单元，跨学科主题学习安排一到两个单元，是比较可行的选择。

跨学科主题学习单元的设计可能因为主题性质和类型的不同而存在差异，但其设计的技术和思路基本相同，主要有六个步骤：确立学习主题、明确学习目标、提出评价要求、安排学习任务、展开学习过程、促进学习小结。①

（一）确立学习主题

1. 明确跨学科主题与学科主题的分布结构

从多数学科课程标准的情况看，既有综合性更强的跨学科学习主题，也有分科分项的学科主题学习，两者之间是相辅相成的关系。如果没有学科主题学习，

---

① 吴刚平：《跨学科主题学习的意义与设计思路》，载《课程・教材・教法》，2022（9）。

跨学科主题学习就跨不大、跨不深、跨不远。同时由于课时限制，必须综合考虑跨学科主题数量与学科主题数量的比例，使之形成一种良性的学习主题结构和互动关系。也就是说，跨学科主题不是越多越好，而是要结构合理，因而必须进行整体设计。

跨学科主题学习可以直接选用课程标准或教材中呈现的学习主题，也可以根据教学实际，创设更加符合具体学情的学习主题。一般而言，课程标准或教材提供的跨学科主题更为专业和规范，教师可以直接选用。但如果教师认为课程标准或教材提供的主题与实际的教学存在明显的差距，则不能脱离现实好高骛远，而是要因时因地制宜，创设更加符合实际的跨学科主题，优化跨学科主题与学科主题的分布结构，更好地提高综合教学质量。

2. 强化学科知识、学生经验和社会生活的联系

无论选用还是创设跨学科主题，都要结合学生经验、社会生活、学科基础等情况进行综合考虑，确认跨学科主题的性质、类别、所属层次等。要把这些属性分析清楚，进行功能定位，形成上位主题，便于以此上位主题为中心，梳理主导学科和相关学科的核心知识图谱和问题链条，列出学习资源清单。在这样的上位主题统领下，一些下位主题的归并和整合就相对比较容易了。因为多数教师是有学科背景的，课堂教学总体上还是以科目为基础分项开展的，所以教师比较适合以任教科目为主导学科，然后将其他相关的学科作为辅助。这样相对来说容易操作一点，也符合跨学科的基本要求。采用这种策略，在起步阶段容易上手，等做到一定程度、有了更多经验以后再考虑其他策略不迟。

比如，像环境问题、粮食问题、能源问题、和平问题、发展问题等社会生活类的学习主题是比较容易跨学科的综合性主题。这些主题与社会发展联系紧密，涉及人文领域、社会领域以及自然科学领域。还有一些跨学科主题可以贴近学生的生活实际。比方说校园观察这种学校生活类的学习主题，也比较容易跨学科，容易跟学生的实际经验联系紧密。

有不少主题是随着年级水平提高，跨学科的性质越来越强。像粮食问题，到了小学高年级和初中阶段，学生的学习经验更丰富，他们更能建立一种历史视野和国际视野，从关注温饱问题到关注小康社会再到关注社会主义现代化强国的发展道路问题，会发现粮食问题是一个非常重要的社会问题、人类问题，也是众多科学技术需要不断突破才能逐步解决的科创问题，可以带动许多学科核心知识的综合学习。像校园观察、自然笔记等主题，涉及很多学科，包括文科综合、理科综合、文理综合等；而且年级越高，跨学科性质越强。

这些跨学科主题，教师都可能以任教科目为主导，以其他科目为关联，建立相应的对接关系。语文教师可以带领学生做校园观察，做自然笔记，以语文为主导进行跨学科主题学习。学生在锻炼观察能力、阅读能力和写作能力的同时，获取和运用生物学、环境科学等核心知识。科学教师也可以带领学生做这些事情，以科学为主导进行跨学科主题学习。学生在获取和运用科学核心知识的同时，锻炼和提高观察能力以及科学领域的阅读与写作能力。

（二）明确学习目标

1. 横向关联目标

跨学科主题学习需要有一个上位的指导思想，即这些主题到底要让学生形成哪些跨学科的品质或素养，需要明确凝练出来，转化为具体的学习目标。这些跨学科主题学习目标可以是横向关联目标，也可以是纵向共通目标。

跨学科主题学习的横向关联目标指的是在同一学段的跨学科素养目标。同一学段的教师在关注任教科目的素养目标时，还要左顾右盼，相互关联，关注并行科目之间的跨学科素养目标。比如，读写素养是语文素养——语言运用的主要构成部分，但同时可以横向关联，成为更加综合的跨学科核心素养。即可以将基础读写目标迁移到更多并行学科，包括科技读写、文学读写、政治经济法律读写、专业读写目标。

就跨学科主题学习的横向关联目标而言，美国 2010 年语文课程标准的思路具有借鉴意义。[①] 这个标准全称为《英语语言艺术及历史、社会研究、科学、技术科目中的读写素养州共同核心课程标准》，跨学科横向关联的思路表现得非常充分。其基本意思就是，在语文中学语文，同时学习其他科目知识内容，这是一方面的目标；并且要在历史、社会、科学、技术科目中来提高学生的阅读素养和写作素养，这是另一方面的目标。

同样，芬兰在国家层面确立了义务教育阶段的七大跨学科核心素养[②]：一是学会思考和学习；二是文化素养、交往和自我表达；三是自我照料与日常生活管理；四是多元识读能力；五是信息通信技术能力；六是工作生活与创业能力；七是社会参与和构建可持续未来。这些跨学科核心素养也叫跨学科关键能力，用来指导各门

---

① 吴刚平、庄燕泽：《中美语文课程跨学科整合设计比较研究》，载《全球教育展望》，2020(10)。

② Finish National Board of Education, *National Core Curriculum for Basic Education* 2014，Helsinki，Next Print Oy，2016，p. 98，p. 145，p. 269.

学科怎样来渗透跨学科的横向关联目标。

2. 纵向共通目标

跨学科主题学习的纵向共通目标指的是在不同学段统筹引导同一学段教学活动的跨学科素养目标。不同学段的教师在关注任教科目的素养目标时，还要上传下达，相互贯通，关注学段及学段之间的跨学科素养目标。关于学段纵向共通目标建设，芬兰课程方案的做法比较有创意。它把 1～9 年级按三个学段分别设定学段目标，设计具有不同学段特点的学生形象。①

在芬兰，第一学段(1～2 年级)的目标是成为一名学生(becoming a pupil)；第二学段(3～6 年级)的目标是成为一名学习者(developing as a learner)，第三学段(7～9 年级)的目标是成为社会一员(growing as a member of a community)。而且学段目标进一步细化，1～2 年级旨在完成学前教育到学校教育的过渡和适应，教学围绕"成为一名学生"主题，收获作为一名学生的积极体验，在学习过程中感受学习的成功与乐趣。该学段各项跨学科素养以鼓励参与学习、自我表达、尝试合作为主。在完成学前教育到基础教育过渡的基础上，3～6 年级致力于使学生成为一名学习者。跨学科素养要求学生认识并发展个人学习技能与习惯，学会接纳与自我表达，明确个人权力与责任，实现有建设性的团队交流。7～9 年级关注学生成为社会一员，强调成人的社会身份认同，引导学生对自己、学习、他人、环境负责。学生通过丰富知识、增强技能来明确发展方向，为未来生活做准备。

(三)提出评价要求

1. 重视导向作用

跨学科主题学习评价要尽量前置，紧随学习目标，以便发挥评价的导向作用。虽然评价要求与目标要求相一致，但评价要求不必与目标要求一一对应，而是要运用表现性评价等方式，有所选择地重点评价学生学科和跨学科核心知识的综合学习和综合运用表现，指向的是学生的跨学科核心素养。比如，以考查横向关联目标为重点的评价要求，以考查纵向共通目标为重点的评价要求，以及兼顾横向关联目标和纵向共通目标考查的评价要求，都可以根据不同评价导向的目的和需求而加以选择。

2. 坚持合目的原则

由于跨学科主题学习评价在具体实际教学中存在不同目的和需要，因此评价任

---

① 吴刚平、安桂清、周文叶：《新方案·新课标·新征程：〈义务教育课程方案和课程标准(2022 年版)〉研读》，18 页，上海，华东师范大学出版社，2022。

务的设计和评价要求的重点就可能存在很大的差异，并没有什么统一的评价任务可以成为"万验灵药"。也就是说，学校和教师想要哪方面的证据，用于判断哪方面的跨学科主题学习进展、问题和经验，就会选择或设计相应的评价工具、手段、方式和方法等获取相关信息，对学生相应跨学科主题学习领域的变化和发展进行价值判断。比如，跨学科主题学习目标中有良好学习体验等多条目标表述。教师结合自己对于学生学习进展的把握，对其他目标条目的达成度心里比较有数，但对学生跨学科主题学习体验是否良好拿不准，那么完全可以重点设计这方面的评价任务。评价工具可以是自陈报告，如"举例说明你在跨学科主题单元学习中的具体感受"；也可以是一个简单的评价问卷，如"你在本单元学习过程中的学习感受：非常好，一般，非常不好"。

3. 教、学、评一致

在很多情况下，考虑到课时等原因，跨学科主题学习评价完全可以与学习过程同步进行，并不一定非得要设计单独的评价任务。也就是说，评价任务与学习任务可以分项设计，也可以融为一体，进行一体设计，实现一物二用和多用。教学、学习和评价通过师生互动限时完成，更好地实现教、学、评一致，以便诊断和改进教师的教和学生的学。

（四）安排学习任务

1. 跨学科内容主题学习任务

如果运用主题任务化的策略，可以设计满足跨学科主题学习特定要求的作品、作业、方案、设计、项目等和具体完成的条件，形成核心任务和若干分项任务。其中，以某一特定事物为学习内容所构成的跨学科主题学习任务可被称为跨学科内容主题学习任务，以人的某一特定观念为学习主题的跨学科主题学习任务可被称为跨学科观念主题学习任务。

跨学科内容主题学习任务比较常用。以飞行主题为例，可明确"自然飞行"为中心主题，设计"自然飞行探究学习"的核心任务，以及若干分项任务，比如，①制作课件，列举至少三个自然飞行物，说明它们是如何飞行的。②运用资料图片或动画，说明三种不同鸟类的飞行模式或飞行原理，或展示鸟类飞行的运动轨迹。③对比分析鸟类与人造飞行器的飞行特点。

2. 跨学科观念主题学习任务

跨学科观念主题学习任务对综合教学能力的要求更高，但也更有教学价值。例如，美国普渡大学卡拉·约翰逊(Carla Johnson)教授领衔的研究团队，按照横向领域把学习主题分为原因与结果、创新与进步、表征世界、可持续发展、人类经验优化五大观念；再按纵向水平从低到高，设计出纵横勾连的学习任务群，把大观念、学习主题、项目任务、核心概念等融为一个个整合性的学习活动单元，从而实现知识学习与问题解决的有机统一。① 表 4-2 为跨学科观念主题学习任务示例。

表 4-2　跨学科观念主题学习任务示例

年级	主题				
	原因与结果	创新与进步	表征世界	可持续发展	人类经验优化
1年级	议题：声波的影响	议题：充满声音的 STEM	议题：变化的模样与世界	议题：栖息地	议题：地球上的水
	任务：建造光波与声波展示模型	任务：设计制作并组织演奏一种乐器	任务：设计窗盒花园并跟踪观察	任务：设计特定濒危物种的拯救方案	任务：设计花园灌溉系统
9年级	议题：地球的形成	议题：侵蚀和风化管理	议题：地球模型及其运用	议题：地球上重要的系统	议题：人类对自然的影响
	任务：制作多媒体作品，展示地球的形成历史	任务：研究侵蚀、风化和沉积的发生机理并形成一份简要政策建议	任务：选择和分析有关碳循环的全球问题，并确定解决方案	任务：制作视频，描述地表系统内的一个变化及其利弊	任务：开发一个技术创新的模型，减少人类活动对自然系统的影响

以原因与结果观念为例，围绕上浮与下沉议题，探究学习原因与结果之间的关系。在小学低年段，教师创设情境，设计学习任务，要求学生观察给定物品，设想将它们分别投入小水池后它们是会下沉还是会浮在水面上。学生一边观察，一边猜想，一边验证，建立上浮与下沉的直观经验和初步的分类意识。小学中高年级要求学生自主、合作设计，使物品按照人的要求在水池中上浮或下沉，建立上浮与下沉的因果关联，并做记录与改进。初中阶段要求学生通过合作学习，运用给定材料，设计并制作浮在水面的最大载重容器，从而完成容器设计与制作项目，同时掌握浮力定律。这样的学习任务有利于学生核心素养的发展和提高。

---

① 杜文彬、刘登珲：《美国整合式 STEM 教育的发展历程与实施策略——与 Carla Johson 教授的对话》，载《全球教育展望》，2019(10)。

(五)展开学习过程

1. 重视学习环节和流程

把跨学科主题学习任务纳入学习环节和流程，在规定时间范围内依序推进，将问题链条、知识图谱、资源清单等学习支持条件穿插其中，并根据需要开展自主学习、小组交流讨论和汇报展示等活动。其间，教师要善于从主干学科的核心知识和思想方法出发，运用问题链条，构筑学习支架，驱动学生进行跨学科主题学习。

2. 设计学科问题链

基于不同学科的问题链可以为培养学生的跨学科思维、专家思维提供重要载体。以飞行主题为例，基于道德与法治学科的问题链，包括飞行活动与机场噪声，风筝、火箭的早期使用，飞艇与喷气式飞机的社会价值，以及与飞行有关的职业等；基于数学学科的问题链，包括飞机平稳降落角度、机场模型和机票价格等；基于科学学科的问题链，包括鸟类飞行模式，航空动力机制，昆虫、太空和不明飞行物的飞行速度等；基于语文学科的问题链，包括嫦娥、冯如、莱特兄弟、蜘蛛侠等与飞行相关的人物；基于艺术科目的问题链，包括中国风筝、达·芬奇的《飞行机械设计草图》、飞行电影等。这些学科问题可以为教学问题奠定主导学科和关联学科基础。

3. 设计促进学习的教学问题链

学科问题链需要转化为教学问题链，才能更好地促进学生的跨学科主题学习。对于前述飞行主题的不同学科问题链，教师需要适时提出并引导学生思考与飞行相关的问题，结合设定的课时和资源清单，按照由浅入深、由易到难的顺序，创设便于学生学习的教学问题，形成新的结构化的教学问题链。教师可以设计持续 3 周共6 课时的飞行主题学习单元的教学问题：①哪些东西会飞(不仅包括动物或一些人工制品，也包括飞逝的时间等)？②自然界的飞行物是怎样飞的？它们为什么要飞？③飞行给人类造成了什么影响？④未来的飞行会是什么样的？这些教学问题可以帮助教师规定飞行主题单元的学习内容与学习顺序。

(六)促进学习小结

1. 提供学习小结支架

学习小结是学生跨学科知识结构化的重要环节和路径，也是学生从学会走向会学的技术保障。但学习小结的结构到底是什么样的，不同学科教师甚至不同发展阶段的学生，所得结论是不一样的。要打开思路，不断寻找和优化学习小结的方法与技能结构，提高学习反思和改进的能力。教师需要提供学习小结支架，为学生学会小结开一扇窗、指一条路、搭一座桥。比如，从主题内容与形式、思想方法、学习体验、人际交流、情意观念、精神境界、综合素质等方面，采用书面小结或口头小结、个人小结或小组小结等形式，帮助学生学会小结反思，不断提升学生跨学科主题学习的能力。

2. 以学生自主小结为主

促进学习小结主要是帮助学生学会反思。其实，学习小结是学科主题学习和跨学科主题学习都需要的学习环节，甚至每一节课都要设计学习小结环节。学生必须自己学会进行学习小结，教师不能代替。教师的责任是要创造条件，提供支架，开启、维持和促进学生跨学科主题学习。特别是学生要善于通过思维导图、读书笔记、汇报展示和交流讨论等多种途径和手段，获得学会小结的更多机会和历练，运用汇报提纲、发言纪要和小结贴士等形式，物化跨学科主题学习成果。

专题五
STEM 教育

STEM(科学、技术、工程、数学)教育既是人类科技发展的必然要求，也是世界范围内教育改革的必然结果。由于信息科技、生物科技、航天科技和新能源科技等的发展，创新已成为世界经济和科技的主题，显然这些科技领域的进步都需要学科之间的交叉和深入融合。综观历史，工业时代的专业分科和精英式科学研究，为学科交叉提供了专业化基础；但同时专业的细化和隔离不利于学科之间的交流合作，而精英式科学研究不能满足日益扩大的创新要求。20 世纪末，以美国为代表的发达国家开始思考和设计科技教育领域的新方式，STEM 教育应运而生。我国积极借鉴这一国际先进教育理念，并在 21 世纪的基础教育课程改革中积极推动 STEM 教育，努力培养未来需要的科技创新人才。

一、STEM 教育的发展历程

STEM 教育是将科学、技术、工程和数学四大学科进行关联和融合，用作指导学生学习科技知识、开展科学探究并培养学生实践动手能力的一种教育方式。尽管以跨学科的方式开展教育在历史上出现比较早(如赫尔巴特提出的综合课程观点)，但真正意义上的 STEM 教育出现在 20 世纪 80 年代之后。在实践过程中，早期 STEM 教育的内容和形式也在发生一些变化，甚至出现 STEAM(科学、技术、工程、艺术、数学)教育这种更加宽泛的教育形式。STEM 教育在提出之后很快就传入我国，成为我国推动科技教育的一种重要形式。

(一)STEM 教育的思想起源

科技是推动人类发展的第一生产力，科学、技术、工程、数学这四大类学科是人类文化知识宝库的重要内容。尤其是进入 20 世纪以来，随着第二次工业革命的完成和第三次工业革命的兴起，这四大类学科的重要性进一步凸显。发达国家为了保持自身的优势地位加大了对相关领域人才的争夺。例如，在第二次世界大战期间，美国在军事领域取得的优势在很大程度上归因于美国笼络了大批科学家、工程师、技术人员和数学家，他们因战时紧迫需要发展大量的军备和武器而集聚在了一起，在短期内合作实现了历史上密集的科技进步，由此形成了大批科技新品的诞生和不断改良。美国和盟军的最终胜利使人类首次强烈地意识到主动遵从科技发展逻辑，从而提高国家和民族竞争力的必要性。由此，发达国家日益重视科技创新和应用，在学校教育领域也自然强化数学、自然科学和工程技术教育，逐步形成了以跨学科的视角开展数学和理工科教育的传统。

第二次世界大战之后，另一个对 STEM 教育产生重要影响的事件就是 1957 年苏联成功发射了世界上第一颗人造地球卫星。在美苏争霸的背景下，这一事件引发了一系列国际性的科技研发竞争和教育竞争。这也成为美国后来大力发展 STEM 教育的导火索之一。人类历史上第一颗人造地球卫星上天，不仅标志着航天时代的开始，而且意味着美苏之间的登月竞赛及后来长期空间竞争的悄然展开。在苏联领先的航天技术面前，美国朝野震动，由此引发举国反思。最终美国人认识到，美国在从科学到国家竞争的各方面都落后了，尤其是在科学教育和数学教育方面，这种教育的落后使美国没有培养出能够与苏联抗衡的高科技人才。为提振科技教育，1958 年美国颁布《国防教育法》。联邦政府斥资大规模资助科技教育改革，在杰尔姆·布鲁纳(Jerome Bruner)的领导下掀起大规模的结构主义教育改革运动。在此后相当长的时间内，美国不遗余力地加强理工科教育，并持续推进科学教育、数学教育与工程技术教育的结合。这无疑为 STEM 教育的孵化和诞生准备了温床。

从西方科技教育发展历程来看，STEM 教育还有一个重要的思想源头，那就是 STS(科学、技术、社会)教育。为加深学生对科学、技术和社会相互关系的理解，提高其科技素养，西方科技教育界在 20 世纪七八十年代就开始推动 STS 教育的实践，积极探索科技教育不同领域的关联和融合。为了回应新技术革命浪潮对学校教育和人才培养的冲击，西方科技教育界认为，学校中的人才培养需要转向通用型人才的培养，发展学生综合解决问题的能力，扩大科学教育的领域并进行广泛的学科融合。STS 教育强调科学教育应该密切联系人类的现实生产和生活，强调应该使学生了解科技在生产和生活中的应用，并形成对科学、技术和社会的正确态度。20 世纪 70 年代开始，英国的一些大学就加强了科学、技术与社会问题的关联，并提出了 STS 的概念。这对欧美国家大学的通识教育产生了很大影响。随后，STS 教育被引入中小学的改革实践，由此成为广泛的科技教育改革潮流，甚至在 20 世纪 80 年代后成为一种主流的趋势。英国在 20 世纪 80 年代编写了中学教材《社会中的科学与技术》。而且有关 STS 教育的思想也渗透到一些教育改革的政策文件中，如美国的《科学素养基准》《国家科学教育标准》，以及英国的《国家科学教育课程标准》、日本中小学的《学习指导要领》等，它们都把 STS 教育作为指导科技教育的核心思想。"STS 教育是个复杂的概念，直到今天似乎也未形成一个清晰、明确、公认的定义。这种现象在一定程度上归咎于西方科学教育界依附在 STS 教育上的复杂动机和目的。"①现在看来，STS 教育已经在新的时代背景下日趋为 STEM 教育所

---

① 杨明全：《国际视野下的 STS 课程研究》，16～17 页，北京，教育科学出版社，2013。

涵盖和取代，但 STS 教育的探索为 STEM 教育提供了丰富的思想基础和实践土壤。在此基础上，西方科技教育界进一步提出 STEM 教育的理念，丰富了开展科技教育的形式和方法。

（二）STEM 教育的提出和演进

STEM 教育起源于美国，是美国为了应对未来社会发展挑战而提出的国家发展战略。[①]在概念上，美国最初提出的科技教育术语是 SME（科学、数学、工程），这是 STEM 的最初称呼，而且当时针对的是高等教育领域的科技教育。1986 年，出于美国国内理工科人才的匮乏和对当时理工科教育的不满，美国发布了《本科的科学、数学和工程教育》这一报告，提出在本科层次上加强科学、数学和工程教育。这是在文献中第一次明确将这三个学科关联起来，真正拉开了 STEM 教育的序幕。

可见，STEM 的概念是美国为了应对高等教育对理工科人才培养的挑战而提出来的。但在 20 世纪八九十年代，围绕这四个领域的整合而形成的概念并不是 STEM，而是 SMET（科学、数学、工程和技术）。例如，1996 年，美国发表了《塑造未来：透视科学、数学、工程和技术的本科教育》报告。这是继 1986 年的报告发布 10 年之后再次发布的报告，其中增加了"技术"这一元素，完整构建了整合四个领域开展教育的基本框架。后来，美国国家科学基金会的一名工作人员抱怨 SMET 听起来像 smut（污垢、下流），于是便用 STEM 取代了 SMET。[②] STEM 教育这一概念的成熟并流行起来，大概是在 21 世纪以后了。例如，2007 年，美国又在新的报告《国家行动计划：应对美国科学、技术、工程和数学教育系统的紧急需要》中将四门学科统称为 STEM，正式将四门学科顺序调整过来，进一步凸显了追求应用性教育价值的哲学观。而且，该报告指出加强国家层面对基础教育阶段和本科阶段 STEM 教育的主导作用，提高 STEM 教师的水平和相应的研究投入。自此，STEM 教育进一步从本科阶段延伸到中小学教育阶段，由此进入蓬勃发展的新阶段。

在 2008 年的金融危机之后，美国感受到了经济发展和科技人才培养的巨大压力。2009 年，奥巴马政府推出了一项名为"力争上游"（Race to the Top）的全国性教育计划，提供相应的基金，重点资助的就是 STEM 教育。同年，奥巴马政府又推行"为创新而教"（Education to Innovate）运动，呼吁全社会重视和支持科技教育，促进美国中小学生对 STEM 的兴趣，提升科技教育的质量，从而确保美国在科技领域的竞争力和国际地位。

---

①　郑葳：《中国 STEAM 教育发展报告》，29 页，北京，科学出版社，2017。

②　郑葳：《中国 STEAM 教育发展报告》，31 页，北京，科学出版社，2017。

2010 年，美国联邦政府签署《2010 年美国竞争再授权法案》，把增加财政拨款以支持 STEM 教育写进法案，由此鼓励美国学生加强学习 STEM、从事与 STEM 相关的职业。2015 年，奥巴马签署的《2015 年 STEM 教育法案》生效，以立法的方式确保 STEM 教育的实施，要求支持非正式的 STEM 教育研究和开发。"STEM 教育一词缘起于美国，是美国政府引起的旨在提高国民科技素养、保持其科技领先优势、增强国家竞争力、增加具有 STEM 胜任力的劳动力数量的一股 STEM 教育热潮。"[1]

2018 年，美国发布《制定成功路线：美国 STEM 教育战略》报告。该报告指出，STEM 教育提供了一个跨学科的学习方法，其中严格的学术概念与现实世界的应用相结合；STEM 教育不仅传授诸如批判性思维、解决问题、高阶思维、设计和推理等技能，而且培养诸如毅力、适应性、合作、组织和责任等行为能力。为落实《2010 年美国竞争再授权法案》的要求，该报告提出了美国 STEM 教育的五年战略计划。该报告的目标是为 STEM 素养建立坚实的基础，增加 STEM 的多样性、公平性和包容性，为未来的科学、技术、工程和数学劳动力做好准备。为此，该报告提出四条路径：①发展和丰富战略伙伴，以培育新的或加强教育实体与其服务的更广泛社区之间的联系；②利用 STEM 教育将学科融合在一起，使 STEM 学习富有意义和鼓舞人心；③为教与学提供数字化平台，通过计算技能和数字化手段拓展 STEM 教育，培养学生的计算能力；④在执行这一计划的联邦机构内部实行问责制，采用其他 STEM 利益攸关方可以仿效的循证做法并开展评估。[2]该报告说明，美国对 STEM 教育的投入不遗余力，并且美国似乎以 STEM 教育统整基础教育阶段的科学教育，政府对 STEM 教育的重视程度不断提升。这折射出美国对 STEM 教育在科技创新人才培养中的价值的认可，值得我们进一步关注。

（三）我国有关 STEM 教育的政策要求

我国学者郑葳认为，STEM 教育是从 2007 年开始引入我国的。[3] 尽管把 STEM 教育的引入年限精确到某一具体年限比较困难，但我国在教育领域开始引入 STEM 教育大抵是在 21 世纪早期。这样看来，STEM 教育的引进正好与 21 世纪初

---

① 周玉芝：《STEM 教育视野下的课程开发与学科教学改进》，4 页，北京，北京师范大学出版社，2020。

② National Science & Technology Council，"Charting A Course for Success：America's Strategy for STEM Education，"2023-07-05.

③ 郑葳：《中国 STEAM 教育发展报告》，59 页，北京，科学出版社，2017。

我国科技发展和教育发展相契合，也就是迎合了当时我国社会发展的实际需求。一方面，进入 21 世纪以后，我国的科技发展取得了越来越多的突破，尤其是经过改革开放三十多年的积累，我国的科技领域开始进入勃发期，国际上先进的科技思想很容易被国人接纳。另一方面，2001 年我国掀起面向 21 世纪的基础教育课程改革运动，一系列新的教育思想和课程理念开始重构旧有的教育传统，教育实践中日益突出情境性、个性化和生活化，尤其强调课程教学与信息技术的整合。这些改革与国外 STEM 教育的做法很契合，为引入 STEM 教育铺平了道路。

党的十八大以来，我国把立德树人作为社会主义教育的根本任务，中小学教育开始致力于促进学生核心素养的发展。与传统的知识与技能不同，核心素养是学生为成功应对未来生活而应该具备的必备品格和关键能力。学校教育要突出素养导向，就必然需要调整课程内容、变革育人方式。在中小学科学教育领域，突出课程的跨学科和综合化趋势。例如，2011 年版的小学科学课程标准就增加了科学、技术、社会与环境目标。2011 年版的化学课程标准也增加了化学与社会发展这一领域，涵盖了化学与能源和资源的利用、常见的化学合成材料、化学物质与健康、保护好我们的环境等。在教学实践领域，强化科学探究和项目式学习，突出做中学。显然，这些主张与国际上的 STEM 教育遥相呼应，体现了进入 21 世纪的第二个十年之后我国科学教育已经紧跟国际前沿理念、越来越融入国际科技教育的潮流，由此提升了科技人才培养的质量和水平。

党的十九大之后，我国基础教育改革进一步提速，高质量教育发展成为新时代国家教育发展的基本愿景和目标。在这一背景下，我国有关 STEM 教育的研究和实践开始进入爆发期。根据我国学者范佳午等人的研究，该时期我国学术界有关 STEM 教育的研究成果数量迅速提高。例如，2017 年，中国教育科学研究院发布《中国 STEM 教育白皮书》，北京师范大学课题组发布《中国 STEAM 教育发展报告》；2018 年，中国教育科学研究院发布《中国 STEM 教育 2029 行动计划》《STEM 教师能力等级标准(试行)》。[①]显然，这些研究成果对我国 STEM 教育整体发展发挥了重要的推动作用。

尤其是 2017 年，教育部印发了修订后的《义务教育小学科学课程标准》，规定课程内容涵盖物质科学领域、生命科学领域、地球与宇宙科学领域、技术与工程领域。技术与工程教育的目的在于综合运用所学知识，解决生活中的技术与工程问题。标准中的教学建议倡导跨学科学习方式，即 STEM 教育，强调注重运用已学

---

① 范佳午、李正福：《STEM 教育在中国的发展》，载《中国民族教育》，2018(Z1)。

的科学知识解决问题；注重设计过程的展开和研讨；注重在动手实践过程中，激发学生的创新激情，培养其创新能力，让其体验科学技术对个人和社会发展的影响。

随着 2022 年新一轮义务教育课程修订的完成，新的课程方案和各科课程标准都对变革育人方式、推动跨学科育人和实践育人提出了要求，跨学科主题学习、项目式学习等成为未来教育实践的重要形式。例如，《义务教育课程方案(2022 年版)》强调，加强课程综合，变革育人方式；推进综合学习；探索大单元教学，积极开展主题化、项目式学习等综合性教学活动。①

不过，尽管取得了不错的成就，但我国在科技教育领域仍需要积极借鉴国际先进理念和实践经验，进一步探索符合我国国情的教育现代化发展道路。正如郑葳所说，我国在有关 STEM 与 STEAM 教育的相关著作方面，目前仍处于对国外研究的引介阶段，尚缺乏本土研究得出的理论认识，甚至还没有有效的本土认知。②我国的 STEM 教育任重而道远。

二、STEM 教育的设计路径

作为国外引进的"舶来品"，STEM 教育如何实现本土化？课程是学校开展教育教学活动的依据，没有合适的课程位置、系统的设计，STEM 教育就很难全面、深入开展。结合我国基础教育学校课程体系，探索 STEM 教育如何融入，是 STEM 教育本土化的必由之路。随着基础教育课程改革和教学创新的不断推进，我国中小学教育教学领域实施 STEM 教育的环境和条件越来越丰富，广大教育工作者也积极开展 STEM 教育的实践，探索出不同的设计路径。主要包括将 STEM 教育融入学校课程体系、融入国家课程以及开发独立的校本课程等。③

（一）STEM 教育的总体设计路径

课程是学校教育教学的基本载体，正规的学校教育必须依托特定的课程设置来开展。同样，STEM 教育要真正发挥其育人功能，就必须进入学校的课程体系，成为规范化的课程设置的一部分。从当前中小学的课程实践来看，STEM 教育进入学

---

① 中华人民共和国教育部：《义务教育课程方案(2022 年版)》，5、14 页，北京，北京师范大学出版社，2022。

② 郑葳：《中国 STEAM 教育发展报告》，59 页，北京，科学出版社，2017。

③ 范佳午、李正福：《STEM 融入学校课程体系的途径和策略》，载《中小学信息技术教育》，2021(1)。

校课程体系可以通过三条路径进行设计：一是 STEM 教育整体融入学校课程体系；二是 STEM 教育融入国家课程；三是独立开发 STEM 教育的校本课程。

1. STEM 教育整体融入学校课程体系

学校课程体系的整体设计涉及：根据育人目标，设置哪些门类的课程，各种内容、各种形式、各种形态的课程如何相互结合以达到整体结构优化的效果。STEM 教育涉及的内容领域和思想方法均十分宽广、具体实施形式丰富多样、没有固定的内容体系，用单独一门课程无法覆盖 STEM 教育全部。且 STEM 教育与相关学科课程、综合实践活动课程和劳动课程的交叉融合较多，更适合分散融入各门国家课程和校本课程。应加强从课程体系整体构建和发展 STEM 教育，顶层设计 STEM 教育在各门学科课程、综合实践活动课程和劳动课程、校本课程中的系统融入和实施，充分发挥不同门类、形式课程的 STEM 教育价值，提升 STEM 教育的实施效率和育人效果。

当前我国 STEM 教育实践中遇到的一些问题需要从学校课程体系整体设计才能解决。例如，在学校，STEM 教育常常以选修的校本课程出现，仅有部分学生受益。要使全体学生得益于 STEM 教育，还必须将其融入国家必修课程。那么，STEM 教育怎样融入国家必修课程呢？在校本课程与国家课程中开展的 STEM 教育的关系如何处理？这需要通过分析我国现行课程方案、课程标准、中小学综合实践活动指导纲要等文件，找出 STEM 教育融入我国中小学课程体系的结合点、育人功能及要求，明确 STEM 教育在我国基础教育课程体系中的位置，开展顶层设计。

STEM 教育整体融入学校课程体系时，要考虑如下几个方面：一是横向覆盖。它包括培养核心素养的覆盖，即学生实践能力、创新思维、合作能力等核心素养以及技术意识、工程思维、科学思维等 STEM 核心素养是否都能得以发展；也包括不同类型实践活动的覆盖，即学生对工程设计制作、科学探究、数学建模等实践活动是否都有经历；还包括不同领域的覆盖，即学生在科学、技术、数学等领域的学习过程中是否都能经历 STEM 教育。二是纵向进阶。它要求合理设置不同学段、不同年级 STEM 教育内容的深度，使其符合学生的当前水平，又体现螺旋上升式的进阶发展。三是发挥必修和选修课程的支持作用。它要求明确落实 STEM 核心素养培养的共同基础是什么，怎样通过必修课程得以落实；学生对 STEM 教育的个性化需求主要有哪些，怎样通过选修课程支持这部分学生发展。四是充分发挥不同课程、教育形式的特有育人功能。例如，建构结构化的学科知识体系是分科教育的优势，培养真实问题解决能力、实践能力、创新精神等是 STEM 教育的优势，两者应发挥各自优势、相辅相成培养有竞争力的科技人才。如果希望以 STEM 教育为主体去帮助学生打基础、建构学科知识体系就没能合理发挥不同教育形式的优势。

2. STEM 教育融入国家课程

STEM 教育融入国家课程有利于全体学生受益于 STEM 教育。国家课程又包含学科课程、综合实践活动课程。

(1)STEM 教育融入学科课程

目前施行的学科课程标准都提出重视跨学科关联，这些要求是在学科课程实施中融入 STEM 教育的结合点。例如，信息技术、通用技术课程标准均明确提及 STEM 教育或 STEM＋教育；我国科学领域所有学科的课程标准均要求体现 STS 教育或 STSE(科学、技术、社会、环境)教育。STS 教育、STSE 教育是 STEM 教育的基础，与 STEM 教育虽不完全相同但有很多共性，在实践中可整合实施。高中数学课程标准要求重视数学建模、数据分析在科学、技术、工程、社会生活中的应用。

结合各学科课程标准中对跨学科整合的要求，可以通过创设跨学科主题或情境、引导学生领悟共通概念、开展学科实践活动等方式融入 STEM 教育。其中后两者更有利于学生进行深度融合的 STEM 学习。共通概念的本质特点是跨学科性，在科学、技术、工程、数学不同领域都具有方法论和解释性价值，但其教学又不能完全独立于学科核心概念，在当前国际科学教育研究中受到高度重视。[1] 美国《新一代科学教育标准》提出了科学领域内及与工程技术相关的共通概念："模式，因果关系，尺度、比例及数量，系统与系统模型，能量与物质，结构与功能，稳定与变化，科学、工程与技术的相互依赖，科学、工程与技术对社会及自然界的影响。"[2] 我国《义务教育科学课程标准(2022 年版)》明确提出了跨学科概念："物质与能量、结构与功能、稳定与变化、系统与模型。"当前义务教育和普通高中课程标准提出的科学、数学、技术学科核心素养存在一些交集，也可以将它们作为 STEM 教育的共通概念。例如，"模型与建模"在上述学科核心素养中均被提及(科学在科学思维中，数学在数学建模中，信息技术在计算思维中，通用技术在工程思维和物化能力中)。

---

[1] 高潇怡、孙慧芳：《美国科学课程发展的新趋向——基于共通概念的科学课程构建》，载《比较教育研究》，2019(1)。

[2] NGSS Lead States，"Next Generation Science Standards：For States，By States，"2020-02-16.

开展学科实践活动是实现学科育人的必经之路，各科课程标准对学科实践活动也均提出要求，如数学课程标准中的内容模块"综合与实践""数学建模活动与数学探究活动"，生物学课程标准"教学过程重实践"的基本理念等。虽然是学科实践活动，但只要是解决实践中的真实问题，自然会涉及相关多个学科的内容，是开展 STEM 教育的良好载体。同时，不同学科各有侧重地让学生经历科学探究、数学建模、设计制作等学科实践活动，从整体上保证了学生能够经历各种不同类型的 STEM 教育实践。

（2）STEM 教育融入综合实践活动课程

STEM 教育与综合实践活动课程的性质、理念、目标、活动形式均高度相符，有利于实现综合实践活动课程中问题解决、创意物化等方面的目标，活动方式可以结合考察探究、设计制作等确定。综合实践活动课程属于国家课程，其实施要依据《中小学综合实践活动课程指导纲要》，但具体内容、活动方式由学校和教师根据课程目标、基于学生发展实际需求设计。中小学是综合实践活动课程规划的主体。学校在综合实践活动课程中融入 STEM 教育时要注意如下几个方面。一是与学科课程相互补充、相辅相成。学科实践活动主要从学科视角出发，引导学生关注生活实践、解决真实问题、理解学科间的联系，在选题、研究思路方法、解决问题切入点等方面往往受到学科框架的影响。在综合实践活动课程中融入 STEM 教育应当突出学生的主体地位，引导学生自主提出问题、寻找解决问题的方向思路、调用并学习相关知识技能，经历思考、学习、研究、试误和克服困难等一系列过程，对跨学科 STEM 教育实践过程形成深刻、个性化的体验和感悟。要突出个体建构学习，注重培养学生的实践能力、创新思维、合作能力、社会责任感等核心素养。另外，义务教育阶段技术领域因为没有学科课程，综合实践活动课程还要承担好技术教育、工程教育的重要功能。二是 STEM 教育可以和相关的主题教育融合。综合实践活动课程的内容不能仅局限于 STEM 教育，还要涵盖更广泛的内容，但总课时有限。STEM 教育作为综合实践活动课程可选的内容之一，与其他主题教育不是竞争关系，而是可以融合实施的关系。例如，将 STEM 教育与中华优秀传统文化教育融合，以中华优秀传统文化中涉及 STEM 教育的主题为载体（如设计制作走马灯等）让学生开展 STEM 教育实践活动。三是综合实践活动课程强调学生高度自主，但教师要做好指导，引导学生发展 STEM 核心素养，提升育人价值、避免流于形式。为此，STEM 教师应参与到指导综合实践活动中，并和综合实践活动专职教师共同开展集体教研活动。

3. 独立开发 STEM 教育的校本课程

校本课程与国家课程是互补关系，在贴近学生生活、体现学校特色和优势、满足学生需求等方面具有优势，也能灵活、快速地反映时代特点和科技发展，便于试验新的教育思想理念。STEM教育在实践中作为一种新理念，在校本课程中有较大的发挥空间。

学校在规划STEM教育的校本课程时要注意如下几个方面。一是基于学校课程体系整体设计，使校本课程与国家课程互补。学校要利用校本课程弥补国家课程的不足。例如，在目前国家课程中，工程教育分散在各学科和综合实践活动中，系统性偏弱。有条件的中学可以挖掘资源，结合学生的现有基础，针对感兴趣的学生开发深度合适、实践性强、兼具一定系统性的工程教育课程。再举一个因缺乏整体思考而没有处理好校本课程和国家课程关系的反例，现实中有学校希望成为STEM教育特色校，开发了很多门STEM教育的校本课程(仅选修的部分学生能从中受益)，但同时学校的科学、数学等学科教学以应试为目标忽视了课程标准中关于STEM、STS、解决真实问题等方面的要求，信息技术、通用技术课没有受到应有重视，综合实践活动课程应付了事。这就舍本逐末了，绝不能将几门特色STEM教育的校本课程与学校STEM教育特色画等号。

二是关注学生的多元个性需求。校本课程可以针对部分兴趣浓、有特长的学生，在深度、创新性等方面适当提高，弥补国家课程注重共同基础而忽视学生个性需求的不足。另外，由于STEM教育涉及面广泛，有条件开发多门STEM教育校本课程的学校，其STEM教育的校本课程群也应该形成合理的结构：各门校本课程涵盖科学探究类、设计制作类、思维发展类等不同类型的STEM教育实践，使学生能有多元选择、获得不同经历和积累丰富经验。反之，如果某校开发了十几门STEM教育的校本课程，但全部是设计制作类，虽然门数很多但种类单一，不能满足学生的多元需求，在这个意义上也谈不上种类丰富。

三是不断提升STEM教育的校本课程设计和实施质量。高质量的校本课程有较高的育人价值，能有效促进学生STEM核心素养的发展，内容符合学生的兴趣特点和能力水平，实施方式和评价方案有利于课程目标的达成。由于当前中小学STEM教师多是理科专业毕业，本身对技术、工程的理论学习和实践经验都较缺乏，有条件的学校在开发STEM教育的校本课程时，可积极引进校外从事技术、工程工作的专业人员(包括挖掘学生家长资源)参与校本课程开发，提高STEM教育校本课程的专业性和质量。

(二)STEM教育的课堂教学设计

STEM教育属于科学与工程实践领域的跨学科主题学习，在多学科如何协同设计学习活动方面，与跨学科主题学习面临同样的挑战。有学者提出，部分跨学科活动的学科之间联系牵强，缺少深入的融合和有效的跨界。①在调研中，有些教师也多次提出这样的困惑，诸如"各学科如何自然地形成一个整体""学科之间融合深度不够""如何做到学科内容、方式和资源的有效整合"。教师对本学科的活动设计比较熟悉，但是对其他学科的活动设计比较陌生。当为了解决一个问题或者完成一个任务，多学科交织在一起时，活动设计的思路容易出现混乱。或者有些教师过于关注自己学科内知识的掌握，学科与问题解决的联系比较牵强，忽视了 STEM 教育问题解决的初衷，导致为了跨学科而跨学科的尴尬局面。由此看来，学科之间该如何进行整合，使其能够达成培养学生核心素养的目的，成为大家急需破解的难题。我们聚焦真实情境问题解决，讨论促进各学科整合的 STEM 教育设计。

1. 促进学科整合的 STEM 教育设计

STEM 教育倡导真实情境下的问题解决。真实情境问题是从真实世界中捕获的真实问题和这一问题的情境脉络，它存在或产生于我们的日常生活实践中。真实情境问题解决的学习能使学习者像从业者或专家一样进行有意义、有目的的活动，并能够把获得的知识和经验有效迁移应用到解决社会生活问题中去。② 问题一般由三个基本成分构成：已知条件、目标和解决办法。真实情境问题解决所需的条件往往是含糊不清或模棱两可的，使人难以直接清楚地认识到。真实情境问题解决的目标缺少限定，解决的方法也受情境制约。所以当学生初次面对这样的问题时，会被它的趣味性和挑战性吸引。只是简单思考并不能很好地解决这类问题，而是需要运用多学科知识、调用综合能力、投入情感和意志、持续努力才能解决。这就为学生的核心素养发展提供了环境和机会。面向真实情境问题解决的 STEM 教育设计，侧重从某一主题领域下创设真实情境，用有趣和有挑战性的真实问题来驱动不同学科相互协作。在这种模式下，跨学科不以"跨"为目的，不是学科间的简单叠加，而是为了解决真实情境问题联系在一起的。这就避免了跨学科的浅表化和联系牵强的问题，为学生建立起了通往核心素养的通道。

STEM 教育呈现的样态复杂且多样。关于学科之间该如何融合的研究比较多。较为广泛的提法是，依据学科领域之间的分离和整合程度，将学科整合的不同实施方式组织成连续统一体。例如，雅克布斯(Jacobs)将学科整合分为六种方式，即学科本位、平行学科、多学科整合、跨学科整合、统整日、完全课程。从前到后，课

---

① 孟璨：《跨学科主题学习的何为与可为》，载《基础教育课程》，2022(11)。
② 蔡亚萍：《基于真实情境问题解决的教学设计》，载《电化教育研究》，2011(6)。

程的整合性越来越高，实施难度也越来越大。① 杨明全教授也提出类似的整合方式，根据课程综合化的水平，将综合课程划分为基于学科的综合课程、学科拼合的综合课程、学科互补的综合课程、学科融合的综合课程、综合经验课程。② 这些融合方式为教师开展跨学科实践提供了理论参考。当前跨学科主题学习倡导将真实情境问题解决作为联系多学科、培养学生核心素养的重要途径。以上实施方式重在讨论学科间关联的方式，并未详细论述如何与真实情境问题解决的过程结合在一起。因此，要将已有实施方式与真实情境问题解决相结合，在已有基础上改进、调整，发挥帮助教师开展 STEM 教育的实效。

面向真实情境问题解决的跨学科整合方式，借鉴学科整合的取向，将不同方式组合起来，形成连续统一体，如图 5-1 所示。轴线按照学科整合的取向，分别呈现单学科、平行学科、学科协同和超学科四种方式。这四种方式从左到右，学科整合的程度越来越高。单学科在此不做讨论，其他三种方式尽管存在差异，但没有优劣之分，供学校在不同条件下选择使用。三种方式将某一主题下的真实情境问题作为组织中心，引导学生在真实情境问题解决的过程中，通过持续深入的探究学习，促进学生对学科和跨学科概念的理解和运用，达到培养学生核心素养的目的。

图 5-1　面向真实情境问题解决的跨学科整合方式

STEM 教育中的学科整合是基于学科的主动跨界，既促进学生对学科知识与方法的理解和应用，又引导学生以整体的视角发现问题，通过观察、思考、创造、表达等方式积极应对生活和世界中的复杂问题。跨学科主题学习的提出，反映了我国在立德树人根本任务的指引下学校课程综合化和实践化的改革方向，兼顾分科与综合育人的价值。对跨学科主题学习的梳理和分析，旨在探寻有益、有效的课程实践，帮助教师在复杂的跨学科实践中找到方向，促使学生将所学的知识与技能等真正转化为带得走的核心素养。

---

① 徐晨盈：《雅克布斯跨学科课程整合思想研究》，硕士学位论文，华东师范大学，2019。

② 杨明全：《课程论》，3 页，北京，中国人民大学出版社，2016。

2. 任务驱动下的 STEM 教育设计的一般路径

(1)选择 STEM 教育的整合方式

从学科整合的角度来看，STEM 教育分为平行学科、学科协同和超学科这三种学科整合方式。从问题解决的角度来分析，STEM 教育主要包含探究类、设计类和综合类三种类型的问题解决过程。教师在设计活动的初始阶段，如果能首先综合考虑 STEM 教育分别处于这两个维度下的什么位置，便于勾勒出 STEM 教育推进的整体思路，在一开始就能做到心中有数。

例如，某学校依托智慧农业科普课程基地，引导学生在劳动中发现、分析和解决真实问题，将农业生产劳动和科学探究相结合持续开展 STEM 教育的开发。"太空航椒 S328，喜欢什么形态的氮来源"活动的设计初衷，是想引导学生在学完"生物与环境"这一单元后，继续应用所学，深入研究不同氮来源对植物生长的影响。从这个题目不难看出，这是一个探究类的项目。即通过经历探究的一般过程，验证植物对哪一种形态的氮吸收利用得比较好，以便为航椒合理施用氮肥和增产提供科学依据。同时这是一个以科学为主的跨学科实践活动，需要数学、信息科技、劳动等学科的支持。

(2)分析问题解决的问题链

在明确上述 STEM 教育的基本思路后，教师选择通过劳动种植与科学探究相结合的方式和过程来解决问题。过往的经验告诉我们，教师如果跳过这一步骤，直接去设计各学科的活动，容易出现这样的问题：由于教师惯于从本学科的角度来设计活动，往往会忽略学科活动对问题解决有什么贡献，学科与问题解决的联系会比较牵强，背离了 STEM 教育问题解决的初衷，出现为了跨学科而跨学科的尴尬局面。因此，将整个活动的驱动问题分解为问题链和任务链这一步骤尤为必要。

(3)设计符合学情的学科教学活动

从问题解决的角度分析问题链，是为了更好地设计各学科教学活动。在各项子问题或子任务的驱动下，教师要从课程标准和教材出发，力图在活动中激发学生的兴趣，引导学生积极思考、投入实践、应用所学去解决问题。这些教学活动或分别并行开展，或协同顺序开展，或相互融合不分彼此。但为了活动设计能够具有可操作性，学情分析是关键的一环。在开发的过程中，有的教师设计的活动逻辑性很强、结构很清晰。但分析活动开展的过程，发现这样的活动并没有针对自己所在班的学生，好像哪个学段的学生都适用，活动设计空洞而不具有操作性。还有的教师忽略了学生的知识、能力水平，将活动设计得过难。

(4)设计支持学生学习的层次性的支架系统

STEM 教育结合学生的认知需要，为学生提供了丰富的学习机会。为了能够促进学生学习，除了活动的设计，还需要支架系统。其包括学习单、全班展示与分享、教师的引导。三者在活动过程中发挥不同的作用。STEM 教育将三者有机整合在一起，形成有层次的支架系统。通过学习单和教师引导，学生有机会建构对知识的丰富理解。除此之外，课堂提供了丰富的社会环境。小组讨论和全班的讨论与分享为学生提供了一系列机会去反映、表达、批判和精练想法。因此，在这样的环境中学习是个人和社会建构的过程。

学习单主要用于个人学习。学习单在每个活动环节都提供了认知和元认知方面的提示。在认知方面，学习单帮助学生将所学知识和设计活动联系起来，为学生提供指导，帮助学生推理、将想法付诸实践、运用科学知识提出和评价方案等。在元认知方面，学习单帮助学生联系活动的各个阶段，提示学生参考与本活动环节相关的其他环节，建立对设计活动的整体理解。学习单对学生的辅助体现在三个层面。在宏观层面，学习单在设计活动的主要阶段提供辅助；在微观层面，学习单的辅助涉及活动的每个环节；在元认知层面，体现在活动环节之间的连接上。

全班展示与分享主要在探索与调查、计划设计和测试改进这几个阶段之后进行。当然教师可以根据具体情况和学生的认知需求自行把握分享与交流的时机。其目的是使学生分享、评判想法，允许学生去体会来自其他小组的经验，使教师意识到学生共同的困难。教师通过有规律性的全班讨论，鼓励学生使用科学术语反映、解释他们的设计。全班展示与分享为学生提供了一个社会环境。在这个环境里，学生得到来自教师和其他同伴的启发与引导，提升自身的学习水平。

除了学习单和全班展示与分享作为学生的支架，教师的引导同样重要。教师需要多次提醒学生回看学习单，建立各个阶段之间的联系；提醒学生及时记录最新的研究成果。除此之外，教师应该根据学生的需要组织班级讨论，将学生无法学习到的知识教授给学生，结合学生的探索与调查，深化学生对知识的理解。教师在整个活动中作为引导者，需要时时把握学生的现有水平和学习特点，整合其他两个支架，选择有针对性的教学措施，帮助学生摆脱困境，提升学习效果。

多层次的支架系统希望为学生提供多层次的辅助。因此，学生有很多机会得到帮助，加深对知识的理解。在一个复杂的 STEM 教育的课堂里，单一形式的支架很难得到学生的认可和提升学习效果。当运用多种支架时，困难可以从多个角度去克服。学生在学习单的支架下不能提升学习效果，但在全班讨论过程中，经过同学启发和教师引导，可能就可以实现提升。

三、STEM 教育的实践策略

在 STEM 教育中，学生运用多学科知识、技能、方法等解决真实情境问题。多学科、领域的交融使 STEM 教育所呈现的样态既丰富又复杂。教师身处其中，需要综合考虑学情、目标、内容、实施、评价、材料、环境等主客观因素。项目实施的路径和重点有可能淹没在琐碎的事务中，而且很容易因为一些细节失去对项目的整体把控。因此，明确 STEM 教育的实施原则和实施方式，便于教师厘清 STEM 教育的整体设计思路，明确某一阶段或者某一个活动在整个项目中的位置和发挥的作用，更全面地理解和开展 STEM 教育。

（一）STEM 教育实施的基本原则

STEM 教育的实施跟常规的课堂教学不同，需要遵循一些基本原则。主要有两个原则：一是用挑战性任务促进深度学习的发生；二是使突发性问题成为素养发展的契机。

1. 用挑战性任务促进深度学习发生

杜威认为，只有让学生投入真实的、有意义的任务和问题，即模拟专家在真实世界的情境中做事情，学生才能对学习材料产生自己的理解。为此，在开展 STEM 教育的进程中，力求引导学生在学习中能够体验像专家一样思考和解决问题的过程。与此对应的是，教师需充分发挥组织者和指导者的角色，为学生营造能够促进深入思考、全身心投入、持续学习的环境。当 STEM 教育真正地落到课堂中时，不乏一些设计得很好但上课效果并不理想的课堂样态。究其原因是教师仍然将这节课作为一节知识传授课来上，未给学生留下充分的思考和动手的时间和空间；创设的情境仅仅是为了引出后面的教学内容，并不能真正激发学生的学习兴趣和积极性；严格按照预设来上课，并不在意学生回答了什么，导致很多值得深入研究的内容未能继续探索下去。

2. 使突发性问题成为素养发展的契机

真实情境问题解决往往会出现难以预料的问题。这是真实情境问题解决的必经之路，也是培养学生核心素养的重要契机。在解决问题的过程中，去发现新问题、分析问题与解决问题，有利于进一步激发学生的学习兴趣，促进学生主动运用已有的知识和经验。经历设计方案、实施方案、测试、再设计的迭代完善的过程，既是一次认知的提升，也是意志、情感、品格的历练，甚至有可能为学生以后的人生之路埋下珍贵的火种。其中的教育意义无可辩驳，但也给教师带来了巨大的挑战。由于这与在课堂上大致预设好的教学以及比较常规的实验、制作不同，突发的问题会给课堂带来很多麻烦，被打乱的教学节奏、教学进度延后，突发问题如果不能解决该怎么办。遇到这种情况该怎么解决？有些教师的做法值得我们借鉴。譬如，教师通过查阅中国知网、微信公众号、专业书籍和请教行业专家等方式获取资料，分析问题产生的原因，学习已有的解决办法；与社会资源单位合作，将这些问题抛给行业专家，让专家来为学生答疑解惑，在问题解决的同时可以让学生感受专业的魅力；请教有相关经验的家长，或让学生将问题带回家，向家长咨询问题解决的方法；等等。

（二）探究类 STEM 活动实施的一般过程

有学者将 STEM 活动的本质总结为基于科学与工程实践的跨学科学习。[①]这样的说法进一步明确了 STEM 活动的实施方式，即 STEM 活动常常以科学与工程实践为核心来融合数学、艺术人文、技术等其他学科。与此对应的是，STEM 活动的实施过程常以科学探究实验和工程设计作品为主。我们在课堂中经常看到探究类、设计类、综合类三种类型的 STEM 活动。其中探究类与设计类是 STEM 活动的基本类别，也是 STEM 活动主要的实施方式。这两种类别加以组合形成综合类活动。

很多研究表明，学生仅仅能表述科学研究过程，并不意味着他们能够进行科学思考或具备了富有创造力的研究技能。因此，没有从头至尾经历科学研究过程的学生，不可能真正理解科学的本质。尤其是科学探究的过程经常是非线性的。一些科学课的课堂上只是按程序使用实验室，学生只是简单地记录实验结果，但是也有一些学校进行探究式教学或基于问题的学习。研究表明，当教师实施基于问题的项目和基于探究的实验时，学生不仅能够学到与以讲课为主的教学中同样的内容，还能够形成批判性思维和解决问题的能力。[②] 这里所指的基于问题的项目和基于探究的实验正是我们所倡导的探究类 STEM 活动。探究类 STEM 活动实施大概经历以下过程。

1. 生成研究主题

生成研究主题的方法有很多种，包括选择感兴趣的研究点，从网络上、生活中遇到的问题中寻找主题的灵感，或者从实验设备的功能中发现可以做什么探究实验。

---

① 朱幼文：《基于科学与工程实践的跨学科探究式学习——科技馆 STEM 教育相关重要概念的探讨》，载《自然科学博物馆研究》，2017(1)。

② ［美］达西·哈兰德：《STEM 项目学生研究手册》，中国科协青少年科技中心译，19 页，北京，科学普及出版社，2013。

2. 明确研究问题

当有了初步的研究主题后，要开始不断地向自己提问，让天然的好奇心来引导寻找可行的研究主题。但要注意将问题进一步聚焦明确，转述成可以被科学测量的问题。比如说，哪种水流能导致水藻生长更快？这个问题就是可以被测量的、被实验的。

3. 开展背景研究

将好的研究主题转化成为可操作的研究实验，并不是一个简单的过程。必须通过花时间进行背景研究来了解我们要解决的问题。围绕着要研究的对象和要开展的实验，提出一些相关的背景研究问题，并通过查阅网站、科学文献以及访问科学家和学科教师等方式查找资料。一般要经历信息收集整理的整个过程(信息收集、鉴别、储存、处理、使用)。背景研究最好在设计方案之前开展，当然也有可能出现在任何一个探究环节中。

4. 设计方案

设计方案包括如下几个方面。一是提出假设。假设是一个试探性的(不是最终的和确定的)和可用实验验证的陈述，用来解释一个观察到的现象。二是准备开展研究所需要的实验材料，包括实验所需要的设备、耗材(实验中将要用掉的物品)、测量工具和仪器，以及所有其他要使用的材料。三是明确实验方法。根据实验假设，设计实验组和控制组，描述数据收集的频率，确定多久收集一次数据以及如何收集数据。将实验的步骤一一列出，尤其要注意实验设计中无关变量对实验的影响。四是记录数据。可以准备一个实验记录本，记录实验过程、数据、统计结果、图表和结论；记录对实验设计的思考，以及对所有可能收集到的数据的推断。五是分析数据。运用数学统计的方法来分析数据，如可以通过平均数、众数、中位数、方差、标准差等来分析数据；还可以通过条形图、散点图、折线图、饼图、表格等从一个新的角度来认识数据。教师可以通过有视觉吸引力的呈现方式来帮助学生判断实验组和控制组的差异出现在哪里。六是得出结论。根据数据进行推理论证的过程，要求学生对数据的差异或意外进行推理、质疑、反思、想象等。七是反思交流。在探究完成之后，建议选择一个公开的场合，组织开展一次展示和交流活动。

回顾整个过程，学生在教师的指导与支持下围绕着科学探究的任务主动探求和发现知识。学生不但掌握相关领域的知识，还理解和应用科学研究方法，形成科学思考方法和科学态度。[1] 除了科学探究的主线任务，学生还需要通过信息获取、分

---

① 陈韬：《游戏化探究式学习研究》，硕士学位论文，华东师范大学，2007。

析、选择获得某一领域的背景知识，利用数学的统计方法来分析数据，运用分析、推理、想象等思维过程来解释数据，反思实验过程中的不足，解决实验中的意外现象问题。

（三）设计类 STEM 活动实施的一般过程

设计是围绕目标人群的具体需求，经过一定的规划、分析和决策，最终通过具体形式(模型、图纸、文本及电子文件等)表现的创造性活动。具体表现为从无到有设计一件作品(机器人、纸电路互动作品、3D 打印作品等)，也可以是在已有作品的基础上进行微设计、微创新。设计的过程实际上就是发现问题、分析问题并解决问题的过程，是一个不断优化和完善的过程，参见图 5-2。

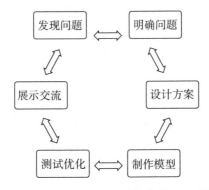

图 5-2　设计类 STEM 活动实施的一般过程

1. 发现问题

发现问题是设计的起点，也是创新的起点。问题可以是无意识发现的，也可以是主动寻找的。但重要的是要有同理心，站在对方的立场去思考，发现他人的需求，保持对生活敏锐的观察力；同时通过运用一些方法来发现问题。我们可以通过实地调查、访谈、网上搜索、查阅图书资料、问卷调查等多种途径去主动发现问题。

2. 明确问题

发现问题后，接着要进一步明确设计的具体要求，包括应达到的标准和所受的限制。这个阶段的成果就是对问题形成清晰的认识，进行清晰的表述。一个完整的问题表述一般由三个部分组成：对象、需求、原因。例如，某教师需要不弯腰就能打开的垃圾桶，因为该教师腰椎不好，弯腰困难。当然，在此基础上，还应进一步明确设计要求和限制条件。设计要求包括对产品的形状、颜色、大小、材料、工艺等方面的要求，可以转化为产品的评价标准。限制条件是现实条件下的材料、工艺、时间、成本、设计人员自身的条件等。

3. 设计方案

发现需求是设计过程的基础，运用创意是设计过程的重点。设计没有对与错的区分，看似很荒诞的创意到后期可能会成为具有创意的解决方案。联想法、头脑风暴法、思维导图法都是帮助形成创意的好方法。表达创意通常强调使用纸笔构思设计草图，对作品的功能、原理和结构进行整体设计。

4. 制作模型

制作模型就是把设计方案或构思通过材料加工转化为实物模型的过程，包括选择合适的材料、选择适当的工具和设备、加工零件、组装、表面处理几个步骤。

5. 测试优化

设计的过程有设计、测试、优化三个循环往复的环节。产品只有通过不断优化和完善，才会越来越合理。测试和优化是从功能是否实现，选材和结构是否合理，创意和尺寸规格是否达到设计要求，原理和外观是否侵权等方面进行评价，找出存在的问题，分析背后存在的原因，进而优化设计。

6. 展示交流

在作品完成之后，建议选择一个公开的场合，可以全班展示，也可以在全校、网络上展示，甚至可以走出学校展示。这样一种有仪式感的活动，会给学生很大的满足感和信心，为后续的活动开展埋下兴趣的种子。

（四）综合类 STEM 活动实施的一般过程

综合类 STEM 活动中的"探究"与"设计"兼而有之。探究与设计两者结合的方式多种多样。可以是通过设计一件作品，以更好地开展探究。例如，设计一个智能最速降线实验平台，以更好地观测最速降线实验。也可以是通过探究的方式获得相关知识、技能后，再运用所学设计一件作品。例如，先通过信息收集加工或者观察最速降线实验，理解最速降线的原理，然后运用该原理设计一个下滑最快的滑梯。还可以是通过探究发现、明确问题，然后再设计一个作品或者方案来解决问题。例如，学生通过社会调查和科学实验发现故宫太平缸腐蚀的原因之一是雨雪为铁、铜生锈提供了条件，就设计了一把智能雨伞。当下雨或下雪时，雨伞自动打开保护太平缸。

教师通过设计具有挑战性的情境，让学生在设计中学习科学知识，发展能够解决复杂问题的能力。在这个过程中，学生需要合作交流，设计调查、实施调查、分析数据、得出结论，学习科学方法和科学性的推理，应用他们正在学习的概念和技能。[①]

基于设计的学习流程是基于项目和学生认知需要而设计的。该流程遵循基于项目学习的基本环节。在此基础上，根据学生的认知需要，加入必要的学习支架，并使其一般化。基于设计的学习的目的是提高学生科学理解、推理、项目实践和设计作品的能力，通过有效的方式帮助学生和教师应对教和学当中的困难。

基于设计的学习可以帮助学生和教师发展自己的能力。问题的真实性对于学生来说，使学习更加有趣和持久。基于设计的学习的课堂提出了一般的活动框架来解决这个问题。

基于设计的学习包括两个基本的循环，即设计与再设计循环和调查与探索循环，两个循环之间建立了逻辑联系。设计制作一件作品，首先需要"理解挑战"。具体包括理解作品的功能、需要解决的问题、限制条件和要求等。在理解挑战和明确问题之后，当学生需要了解某个新事物时，需要进行调查与探索。调查与探索循环包括澄清问题、提出假设、设计调查、实施调查、分析结果，最后进入展示与分享。在展示与分享环节，全班学生和教师以小组为单位，分享交流探索结果，总结一般原则。一般原则会成为设计与再设计循环应用的内容。之后进入计划设计、展示分享、建模与检验、分析与解释、展示与分享。[②]

从以上过程中可以发现，设计与再设计循环注重应用知识设计与制作，调查与探索循环注重经过探索获得知识。前者强调在设计中发现问题，后者强调用科学方法探索解决问题的途径与一般原则。每个循环都整合了科学、设计、合作沟通交流实践、公开展示与反思。在设计、探索、检验、再设计的过程中，逐步优化设计方案，提高对学科概念与跨学科概念的理解。

需要注意的是，基于设计的学习流程不是线性的。在活动过程中，学生会遇到许多问题。解决问题的过程是猜想、调查、验证、改进等的过程。这就需要重复执行设计与再设计循环和调查与探索循环中的一个或者几个步骤。

总之，在科技迅速发展的时代背景下，与 STEM 教育相关的行业涵盖一个国家创新发展的多个关键领域，STEM 教育是国家创新发展和个体全面发展的重要支

---

① Kolodner，J. L.，"Learning by Design™：Iterations of Design Challenges for Better Learning of Science Skills，"*Cognitive Studies*，2002(3)，pp. 338-350.

② 张君瑞：《"基于设计的学习(DBL)"理论与实践探索》，硕士学位论文，扬州大学，2011。

撑。就现阶段的发展而言，我国 STEM 教育改革仍需要关注两方面的议题：一方面做好内部的体系建设，提升独立自主发展 STEM 教育的能力；另一方面密切关注美国等在 STEM 教育方面占据优势的国家，把握国际形势的新变化，积极回应 STEM 教育的国际改革。在推动我国 STEM 教育高质量发展的过程中，还需继续深化具有针对性的比较研究，借鉴 STEM 教育改革的国际经验。[①]在基础教育课程改革不断深入发展的当下，推动 STEM 教育的发展有助于我国科学教育不断更新理念、实现与国际接轨，从而更好地培养拔尖创新人才。尤其借助新课程改革提出的新理念和教学新样态，STEM 教育的本土化推进有了更加适切的环境和条件。比如，STEM 教育与研究性学习相整合，以研究性学习为载体实施 STEM 教育；STEM 教育与跨学科主题学习相整合，以跨学科主题学习为载体实施 STEM 教育；等等。我们相信，STEM 教育的本土化和贯彻落实可以在很大程度上为我国在科技知识、创新和高端制造等方面的发展提供人力资源的基础。

---

① 杨体荣、沈敬轩、黄胤：《美国 STEM 教育改革的主要阶段、实践路径与现实困境》，载《比较教育学报》，2023(3)。

专题六
作业设计

作业作为教学活动过程中的重要形式和环节，在促进学生知识理解和应用，提高学生学业成就中起到了积极作用，受到学校和家长的高度重视。但是，过量和低质、无效的作业会给学生造成过重的课业负担，影响学生知识学习的质量和全面发展。在基础教育高质量发展的过程中，学生作业负担与质量问题已经超越学校教育教学的范畴，成为全社会关注的问题和政策回应的重要议题。当前，发挥作业的育人功能，做到作业减负增效，需要加强作业问题的政策、理论与实践研究，制定更加合理的作业政策、寻找更合理的实践路径与策略，为作业政策与实践提供理论支持。

一、新中国成立以来作业政策的演进过程与趋势

新中国成立以来，在社会主义革命和建设时期，随着社会主义建设对高质量教育人才的需求和人民群众升学需求的不断增长，包括中小学作业在内的课业负担呈现出不断增长的趋势。为了克服课业负担对学生身心发展造成的损害和由此带来的社会稳定问题，党和国家、教育部先后多次发布减轻课业负担的政策文件，把作业负担作为与课程教材负担、考试负担并列的负担之一，从作业性质、功能、数量、质量与管理等方面做出了政策规定，试图用作业政策工具来调节学校教学实践。总结新中国成立以来作业减负增效政策演进的经验教训与发展趋势，有助于正确理解与落实当前的作业政策。

（一）新中国成立以来作业政策的演进过程

1. 减少中小学课外作业数量、控制作业难度和加强作业管理（1955—1962 年）

新中国成立以来，特别是第一个五年计划（1953—1957 年）确立国民经济发展或为工业化发展打基础的发展目标以来，适应教育为社会主义生产建设服务的要求，落实提高普通教育质量和促进中小学教育发展的根本任务，学校教育工作以教学为中心成为普通教育根本任务落实的主要路径。[①] 适应基础教育提高质量和学生升学的需要，受制于学校教育思想观念与教育教学能力条件的限制，学校课业质量与负担的矛盾逐渐凸显。1954 年秋季后产生了课业负担过重现象，主要表现为课外作业繁重和考试多。这损害了学生的身心健康，削弱了政治思想教育，使知识质

---

① 林砺儒：《为经济建设服务，为文化高潮造因》，载《人民教育》，1953(2)；《教学工作是学校压倒一切的中心任务》，载《人民教育》，1953(3)；《积极地稳步地提高教育质量是今后普通教育工作的中心任务》，载《人民教育》，1955 (1)。

量难以真正提高，违背了全面发展教育方针。

有鉴于此，1955 年《教育部关于减轻中、小学校学生过重负担的指示》发布，对中小学作业数量、难度和管理提出了强制性要求。具体措施为：①减少课外作业的分量。要求中学生物、历史、地理、政治等科，小学自然、历史、地理等科，不必每课都留书面作业，只在一定段落时留适当的作业即可。有些学科可在课堂教学中留出一定时间进行课堂作业，减少课外作业。各年级各科的课外作业时数和作业分量，学校领导上应加以控制，按周把各年级的自习总时数合理地分配给各科；再由各科教师就所分到的时数安排各科的课外复习和课外作业，不得超过所分配的时数。②控制作业难度。留作业题不准超出教学大纲和教科书的范围，不准超出学生的实际水平留不必要的难题。③加强作业质量。纠正匆忙布置作业的现象，对于所留作业题的目的和要求应有说明，难答的题目应有适当启发。④加强作业管理。学校不要把繁重的学科和作业较多的学科集中在一天，不要排在最末一节。学校领导必须经常了解及检查课堂教学、课外作业、考试、授课内容分量、授课进度、课外活动、作息时间等情况，随时发现及解决问题，纠正偏向。⑤提高课堂教学质量。教师要努力钻研教材和改进教法，做到讲课讲清楚、讲透彻，注重复习、消化和巩固的工作，指导学生养成先复习好功课、然后再做作业的习惯，纠正过去放弃复习而死记硬背地赶作业的偏向。

2. 立足课堂，中小学不布置或少量布置课外作业（1963—1965 年）

1957—1966 年是社会主义改造到社会主义建设的转变时期。适应社会主义工农业生产的要求，不断提高教育质量成为中小学工作的重要任务。党的教育方针明确中小学要提高的教育质量是学生全面发展质量，做到既注意政治思想，又注意文化知识和身体健康；既注意培养劳动后备力量的教育，又注意升学教育。① 但是，一些地方和学校在执行教育方针的过程中片面追求升学率，把知识教育质量作为唯一标准，由此导致出现课程门类多，课外作业多（教科书中有些习题已经过多，学校又常常另外补充习题；加以许多教师讲授不甚得法，往往失之于烦琐，而将应当在课堂内完成的练习和作业，挤到课外去做），测验考试多的"三多"问题。学校课业负担过重，片面追求升学率，忽视生产劳动教育和思想政治教育，进而导致学生轻视和不愿意从事生产劳动教育，影响到社会主义建设任务，引起了党中央和国务院的高度重视。党中央和国务院根据"使受教育者在德育、智育、体育几方面都得到发展，成为有社会主义觉悟的有文化的劳动者""教育必须为无产阶级的政治服

---

① 《正确贯彻教育方针，减轻学生学习负担》，载《人民教育》，1964(2)。

务，教育必须与生产劳动相结合"的教育方针，1964 年批转了教育部临时党组《关于克服中小学学生负担过重现象和提高教学质量的报告》，要求学校整体提升德育、智育、体育几方面的质量，防止片面提升智育质量，注重通过提高教学质量来减轻学生过重的课业负担。对中小学作业提出的具体要求为：①立足课堂完整作业。课堂教学要有讲有练，不要硬搞所谓"五个环节"。习题应该在课堂内完成一部分、大部分或者全部。课前不要硬性规定学生预习。②少布置或不布置课外作业。语文、数学、外国语和高中理化课程可以布置少量课外作业，同时注意统一安排；其余学科不要布置课外作业。

3. 规定小学生家庭作业具体时间与功能（1966—1992 年）

把课业负担原因归于片面追求升学率，归于资产阶级个人主义思想，导致课业负担造成的矛盾变成了无产阶级和资产阶级之间的矛盾。在"文化大革命"期间，从"教育为无产阶级斗争服务""教育与生产劳动结合"的教育方针出发，取消高考升学制度，删减学校课程，把阶级斗争和生产劳动作为学校主要课程，课业负担和作业负担不再成为学校教育工作的难题，但由此导致了教育质量的全面下降。

随着 1977 年高考制度的恢复，1978 年党的十一届三中全会以社会主义现代化建设为中心的发展方向的确立，中小学教育教学计划走上正轨，以及重点中小学政策的建立，中小学课业负担问题又开始凸显，并且小学课业负担成为突出问题。1979 年，《人民教育》发文《提高教学质量 减轻学生负担》，关注到学生课业负担过重已渐成普遍现象，小学生的课业负担成为不容忽视的问题。[①]

1982 年，北京市颁发了《关于解决小学生课业负担过重问题的几项规定的通知》，并于 1987 年颁发了《关于解决小学生课业负担过重问题的几项规定》。这些文件对小学生课业负担(包括作业负担)做出了规定，要求小学在减轻过重课业负担的同时，提高教育质量，对小学生作业时间和功能提出具体要求：①要求学校按教学计划的规定，给学生留适量的作业。一年级不留家庭书面作业，二、三年级一般每天家庭作业量不要超过 30 分钟，四年级一般每天家庭作业量不要超过 45 分钟，五、六年级一般每天家庭作业量不要超过 1 小时；②不要搞"题海战术"，更不要用反复地或大量地抄写作业作为惩罚学生的手段。

1988 年，国家教育委员会又专门发布《关于减轻小学生课业负担过重问题的若干规定》，进一步明确规定学校要按照教学计划的规定量布置课外作业。具体要求为：① 做到一年级不留书面课外作业，二、三年级每天课外作业不超过 30 分钟，

---

① 王季青、苏灵扬：《提高教学质量 减轻学生负担》，载《人民教育》，1979(3)。

四年级不超过 45 分钟，五、六年级不超过 1 小时；②不布置机械重复和大量抄写的练习，不得以做作业为惩罚学生的手段；③学校和班主任老师负责控制和调节学生每日的课外作业总量。

　　1990 年，针对 1988 年小学减负文件发布后实施情况不理想和群众来信反映的问题，国家教育委员会发布《关于重申贯彻〈减轻小学生课业负担过重问题的若干规定〉的通知》，要求各地教育行政部门必须认真组织所属小学坚决贯彻执行。1992 年，国家教育委员会又重申小学生减负文件规定，要求各地进一步落实文件精神。①

4. 多种手段推动义务教育阶段课外作业减负政策落实（1993—1999 年）

　　1993 年，随着中共中央、国务院发布的《中国教育改革和发展纲要》提出中小学要切实采取措施减轻学生过重的课业负担，针对中小学课业过重的长期困扰，国家教育委员会开始探索通过改革思路来切实解决课业负担问题。

　　国家教育委员会发布《关于减轻义务教育阶段学生过重课业负担、全面提高教育质量的指示》。具体要求为：①作业减负要切合学生实际，注重实效。教师要根据教学要求和学生的学习实际，认真备课，精心授课，因人制宜地选择和布置作业。②作业的分量和难度要适当。小学一年级一般不留书面家庭作业，二、三年级每日课外作业量不超过 30 分钟，四年级不超过 45 分钟，五、六年级不超过 1 小时，初中各年级不超过 1.5 小时(以上均按中等水平学生完成的时间测定)。③不要布置机械重复和大量抄写的作业，更不得以多留作业为惩罚学生的手段。④减负政策的落实要综合治理，加强地方各级人民政府和教育行政部门的领导，形成学校、家庭和社会的教育合力；提升校长和教师的业务水平，加强教育督导与社会监督。

　　1994 年，国家教育委员会发布《关于全面贯彻教育方针，减轻中小学生过重课业负担的意见》，除重申作业分量与难度的规定外，还提出通过改革教育结构、教育内容和方法、招生考试制度和加强教师队伍建设，取消义务教育阶段重点学校和重点班政策，办好每一所学校，缩小薄弱学校与示范学校的差距来保证减负政策的落实。同时，强调减负政策的严肃性，通过行政问责、经济奖励和督导评估等多种措施来保证减负政策的落实。

5. 基于素质教育要求减轻家庭作业负担和创新作业类型（2000—2012 年）

　　进入 21 世纪以后，为了适应全面推进素质教育和培养学生创新实践能力的需

---

①　《国家教委重申必须采取有效措施　切实减轻小学生过重课业负担》，载《人民教育》，1992(4)。

要，针对学生负担过重现象长期存在，有的地方甚至还相当严重，影响教育行政部门和学校的形象、阻碍素质教育实施的问题，2000年，《教育部关于在小学减轻学生过重负担的紧急通知》发布，重申小学一、二年级不留书面家庭作业，其他年级书面家庭作业控制在一小时以内，严禁用增加作业量的方式惩罚学生的要求。同时，提出适应素质教育要求，提倡布置活动性、实践性的小学生的家庭作业。从减负政策落实的体制机制上做出新要求，要求实行减轻学生过重负担的领导责任制，把切实减轻学生过重负担作为考核教育行政部门领导、教研部门领导、校长工作实绩的重要内容。各地要根据本通知的精神，结合本地区、本学校的实际情况，制定进一步减轻学生过重负担的具体规定。完善减轻学生过重负担的专项督导机制，对本地存在的突出问题进行督导检查。建立健全减轻学生过重负担的通报制度，对加重学生负担的违纪事件予以通报。做好减轻学生课业负担宣传工作，形成合力。从减负政策的环境来看，从对学校课程、教学与教师提出要求转向控制校外机构增加的课业负担，强调未经教育行政部门批准，任何机构、团体和学校不能组织学生参加校外竞赛、读书活动等。

6. 标本兼治、综合治理推动小学生课外作业减负提质（2013—2018年）

2000年的小学生减负政策文件颁布后，尽管小学生课业负担有所缓解，但一些地方小学生课业负担过重问题仍然比较严重，学生近视率不断上升，睡眠时间不断减少。2013年党的十八大召开后，根据落实立德树人根本任务、全面实施素质教育和教育综合改革的要求，教育部试图超越以往仅从学校内部课程教材、考试评价和教师因素减负思路，系统考虑政府、学校、家庭和社会因素，形成标本兼治、综合治理课业负担的格局。2013年，教育部拟定《小学生减负十条规定》（征求意见稿），向全社会公布征求意见。其中关于作业减负的意见存在分歧，大多建议还是倾向于小学高年级应该适当留些作业。由第一稿"小学不留书面式家庭作业，可布置一些适合小学生特点的体验式作业"改为第二稿"减少作业。一至三年级不留书面家庭作业，四至六年级要将每天书面家庭作业总量控制在1小时之内"。这与2000年的家庭作业政策基本一致。不同的是，把低年级不留家庭作业延续到中年级，取消了体验性作业的要求。同时，严禁学校违规补课。要求学校和教师努力提高课堂教学质量，不得在节假日和双休日组织学生集体补课或上新课，不得组织或参与举办"占坑班"及校外文化课补习。

7. 多部门联合推动，严控中小学生的书面作业总量和合理布置作业（2019—2020年）

《小学生减负十条规定》颁布后，小学生课业负担问题并未得到减轻，相反出现了学校减负和校外培训机构增负的现象。党的十九大召开后，教育部门根据政府主导、各方参与、综合施策、标本兼治的基本原则，经国务院同意，联合发展改革委、公安部、民政部、财政部、人力资源社会保障部、市场监管总局、广电总局、全国妇联九部门向省级人民政府印发了《中小学生减负措施》，要求严控书面作业总量，小学一、二年级不布置书面家庭作业，三至六年级家庭作业不超过 60 分钟，初中家庭作业不超过 90 分钟，高中也要合理安排作业时间；科学合理布置作业。作业难度水平不得超过课程标准要求，教师不得布置重复性和惩罚性作业，不得给家长布置作业或让家长代为评改作业；明确学校、校外培训机构、家庭和政府各方的责任，系统考虑课业负担的复杂成因，规范校外培训机构在课业负担中的作用。

8. 党和国家指导从体制机制入手推动义务教育阶段作业系统减负提质（2021 年至今）

2018 年义务教育阶段的学生减负政策实施后，义务教育阶段的作业负担与管理、校外培训负担过重的问题依然突出，影响到教育改革的成效和素质教育的全面落实。党中央和国务院从讲政治的高度，从体制机制入手深化"双减"改革，由习近平主持召开中央全面深化改革委员会第十九次会议，审议通过了《关于进一步减轻义务教育阶段学生作业负担和校外培训负担的意见》。2021 年，以中共中央办公厅、国务院办公厅名义印发《关于进一步减轻义务教育阶段学生作业负担和校外培训负担的意见》，要求全国各地区各部门认真贯彻落实该文件精神。该文件把作业负担和课外培训负担作为课业负担的重点，对作业的性质、功能、类型、数量、质量、管理和社会支持做了全面系统的规定，提出了具体指导意见。《教育部办公厅关于加强义务教育学校作业管理的通知》发布，对作业的功能、总量、类型、设计、完成、批改、主体与管理等方面做了具体规定。

这两份关于作业政策的文件，从作业政策实施主体来看，强调各地党和政府的领导作用、教育部门的统筹协调作用、学校在作业减负提质中的主体责任、相关部门的协同支持作用。具体包括：①从作业政策对象来看，明确了作业的育人功能，帮助学生巩固知识、形成能力、培养习惯；帮助教师检测教学效果、精准分析学情、改进教学方法；促进学校完善教学管理、开展科学评价、提高教育质量。②明确了作业类型的创新思路要求，要求学校根据学段、学科特点及学生的实际需要和完成能力，合理布置书面作业、科学探究、体育锻炼、艺术欣赏、社会与劳动实践等不同类型作业。鼓励布置分层作业、弹性作业和个性化作业，科学设计探究性作业和实践性作业，探索跨学科综合性作业。③严控书面作业总量。要求学校确保小学一、二年级不布置书面家庭作业，可在校内安排适当巩固练习；小学其他年级每天书面作业完成时间平均不超过 60 分钟；初中每天书面作业完成时间平均不超过 90 分钟。周末、寒暑假、法定节假日也要控制书面作业时间总量。④提高作业设计质量。要求学校根据素质教育导向和学生实际精准设计作业，精选作业内容，合理确定作业数量，作业难度不得超过课程标准要求。教育行政部门和教研机构提供作业设计指导。⑤作业完成立足校内，立足学生自主。教师要充分利用课堂教学时间和课后服务时间进行作业指导。⑥作业批改要求教师全批全改，加强作业分析诊断与反馈，强化对学习困难学生的辅导帮扶。⑦严禁给家长布置作业和要求家长批改作业。⑧严禁校外培训作业。⑨健全作业管理机制。各地教育行政部门要指导学校完善作业管理细则，加强作业过程管理与质量管理。⑩纳入督导考核评价。各地教育行政部门要将作业管理纳入县域义务教育和学校办学质量评价。学校要把作业设计、批改和反馈情况纳入对教师专业素养和教学实绩的考核评价。

从新中国成立以来八次作业减负提质政策演进历程的回顾可以发现，尽管党和国家、教育行政部门高度重视作业问题，多次颁发相关政策，但是部分政策并未得到执行或达到预期目的。这说明作业减负提质活动的高度复杂性，涉及教育系统内外部多种因素，不能简单地从学校和家长教育思想观念来找原因，需要用历史唯物主义和辩证唯物主义的观点来分析作业负担与质量的主要矛盾和系统成因。从社会存在与意识相统一的观点出发，我们看到，课业负担包括作业负担过重的原因不仅是学校、家长和学生片面追求升学率，为了个人成名成家的资产阶级思想作用的结果，还是社会政治、经济、文化结构多元在教育领域的反映。这种社会结构性矛盾是长期的、稳定的，不可能短时间内得到根本攻克。这也是人民群众对美好生活的向往、对高质量教育的需求与社会主义初级阶段的教育体系不适应矛盾的反映，需要调整教育结构、建立多样化人才选拔机制以及高质量和多样化、可选择的教育体系来引导学校、家庭和社会的教育需求。作业减负提质政策执行的地区和学校之间的差异较大。这也反映了作业减负提质政策要求与执行者动力、能力实际之间的差距，需要通过不断提高学校教育系统育人质量来逐步得到缓解。每一次作业减负政策的出台，背后都有教育高质量发展政策的先驱作用。这说明提高作业质量与减轻作业负担构成长期的矛盾关系，需要不断通过提高作业育人质量来达成减轻作业负担的效果。

（二）新中国成立以来作业减负提质政策趋势

一项完整的政策活动是政策决策与实施主体借助政策工具手段对政策客体进行的决策、执行、监控与评价活动。从政策活动的构成要素与过程要素来分析新中国成立以来作业减负提质政策趋势，可以得到如下发现。

1. 作业政策主体经历了从单主体决策实施到多主体协商共治的变化过程

从中央对地方和学校提出作业政策要求，到中央、省市、地方和学校再到学校、家庭和社会共同参与作业政策制定与实施，说明作业育人实践活动受到家庭、社会和学校多重因素的影响。不同的作业政策决策与实施主体存在不同的价值利益追求。党和国家从落实党的教育方针、实现社会稳定和学生全面发展的需要出发来进行作业政策决策。地方、学校、家长从有利于升学和育人的双重目的来选择作业政策执行。落实作业减负提质政策，需要考虑到不同主体的利益需求，就作业育人目的达成共识。

2. 作业政策客体经历了单纯作业数量管控到全面系统改进的变化过程

作业政策客体的变化过程说明，单纯依靠减轻课外作业时间和数量并不能达到减负提质的效果。作业效果受作业目的、完成过程方法和教师、学科、学生、学校、班级和家庭等多种因素的影响。制定作业政策和开展作业实践，需要系统改进作业活动要素与过程要素。

3. 作业政策工具经历了从行政指令到行政主导、教研指导和市场激励等多种工具的变化过程

作业政策工具的变化过程说明，面对作业这样复杂的人类活动系统，单靠行政命令难以集成多因素达成效果，需要运用多种政策工具来保证作业底线要求，同时释放作业主体的动力与提升能力。

4. 作业政策环境经历了从政治导向到社会与个人全面发展导向的变化过程

作业政策环境的变化过程表明，在单纯注重社会发展的政治导向，忽视经济高质量发展需求的背景下，作业和相关的课业负担会得到减轻，但由此会导致教育教学质量下降。在社会现代化对教育高质量发展需求的背景下，作业减负提质需要优先考虑提质需要，通过提质来达成减负的效果。我国注重考试的文化传统并不是作业减负政策难以落实的决定性因素。国家对高素质人才的需要与劳动用人制度唯学历、文凭的政策环境，重点大学资源的有限性是影响作业减负政策落实的关键因素。落实作业减负政策需要营造社会升迁的多元渠道和做大优质教育机会的供给。

5. 作业政策决策经历了从依靠领袖权威到党领导下的科学民主决策的变化过程

作业政策决策的变化过程表明，课业负担作为基础教育改革发展中的久攻不下的难点问题，有复杂的教育教学成因，更有背后的社会政治文化原因，需要加强领导，统筹协调来解决问题。但是，加强领导并不等于依靠个人权威来推行政令，而是需要科学民主决策，在具体分析作业负担的表现、类型差异、地区、学校、学科

和学生差异的基础上，分析教育系统内部的课程教材教学、作业管理、考试评价升学原因，教育系统外部的社会权力与资源配置体制原因，就作业的性质、功能、目标及其达成目标的方法手段做出政策决定，给地方、学校和教师作业政策决策的自主空间，做到作业减负提质政策的一地一计、一校一策。

6. 作业政策实施经历了从学校、教师落实到多主体协同落实的变化过程

作业政策实施的变化过程表明，作业政策实施涉及学校、家庭、社会和地方政府，不是学校领导和班主任教师能完全负责的问题，需要多主体协同落实。落实作业政策不仅是上传下达文件，还是需要结合地方和学校实际，制定符合学校、学科和学生的具体的作业政策。由于作业政策执行能力受执行者意愿、能力和资源条件的制约，各地、各学校、师生和家长的差异较大，作业政策实施需要赋权增能，加强作业政策实施的监控指导，确保地方、学校和教师有意愿、有能力和有条件进行作业设计、实施与管理。

7. 作业政策监控评价经历了从无评价到注重监控督导评价落实的变化过程

作业政策监控评价的变化过程表明，要避免作业政策不执行和失灵，不仅需要改进作业政策决策与实施，还需要改进作业政策评价。没有作业政策监控评价，作业政策就可能不执行或得不到合理改进。作业政策监控评价需要让作业政策的相关主体参与评价，需要就作业政策目标与达成效果进行科学分析，利用监控评价结果来不断完善作业减负提质政策。

二、作业育人功能实现的系统成因与理论分析框架

2021 年，《教育部办公厅关于加强义务教育学校作业管理的通知》强调发挥作业的育人功能，并从教师的作业设计数量与质量、作业完成指导、作业批改和作业管理等环节提出了指引和要求。其背后的假设是作业育人功能实现不在于作业数量，而在于作业质量和作业的指导管理。这对于纠正错误的作业功能条件观具有积极指引作用。

作业是教师、学生、家长在具体时空条件下依据课程教材开展的作业设计、实施与评价反馈的育人实践活动。影响作业育人功能实现的因素存在于作业实践活动过程中，涉及教师、学生、家长与课程教材等要素的互动。因此，要切实发挥作业的育人功能，不能只从经验出发，需要通过科学研究，进一步明确影响作业育人功能实现的具体条件有哪些，这些条件如何影响作业的效果，以及各条件之间如何相互作用。只有形成了科学的作业育人功能实现理论，明确了作业育人功

能实现的过程和条件，才能真正有效开展作业教学实践活动，发挥作业的育人功能。

对于作业育人功能发挥的影响因素的认识，国外学者库珀(Cooper)提出了由外源性因素、作业任务特征、课堂因素、家庭因素、反馈因素、作业效果构成的六因素理论分析框架。① 此后，特劳特温(Trautwein)等人进一步提出了旨在解释家庭作业影响因素之间层次互动关系的理论分析框架，提出学生的家庭作业成绩效果直接受到学生家庭作业的完成作业时间、努力程度和学习策略等家庭作业行为的影响。② 在库珀和特劳特温的理论模型的基础上，徐(Xu)和康诺(Corno)提出学生背景因素、家庭作业特征、教师变量、家长变量、学生动机和家庭作业行为六大因素可预测家庭作业的效果，突出了教师、家长对学生家庭作业的自主性支持、学生对家庭作业的兴趣和内部动力对作业效果的影响，进一步拓展了家庭作业效果的影响因素模型。③ 这些理论模型都突出了家庭作业效果是学生内部的认知、情感和行为因素与外部的作业数量、质量、教师与家长的支持因素之间互动的结果，反映出揭示作业效果的成因需要心理学理论和教学理论的支持。但是，已有研究或从作业单一环节出发，或聚焦作业活动的单一参与者，尚未形成涵盖作业活动完整环节的理论模型，对现实的指导性难免有所欠缺。

影响作业效果的因素不能局限在家庭作业环节，不能停留在作业效果的因果关系解释上，应立足完整教学过程和教师作业实践工作环节的需要来考虑作业效果的因素条件。由此，我们提出家庭作业育人机制的三阶段四要素互动理论分析框架，具体把影响作业育人功能实现的条件分为作业活动过程(包括作业设计阶段、作业实施阶段、作业评价反馈阶段)与作业活动条件(包括学生因素、教师因素、家长因素、课程教材因素)，作业育人功能的实现是作业活动过程与作业活动条件互动作用的结果。具体如图 6-1 所示。

---

① Cooper H.，"Synthesis of Research on Homework，"*Educational Leadership*，1989(3)，pp. 85-91.

② Trautwein U.，Lüdtke O.，& Schnyder I.，et al.，"Predicting Homework Effort：Support for A Domain-specific，Multilevel Homework Model，"*Journal of Educational Psychology*，2006(2)，pp. 438-456.

③ Xu J. & Corno L.，"Extending A Model of Homework：A Multilevel Analysis with Chinese Middle School Students，"*Metacognition and Learning*，2022(2)，pp. 531-563.

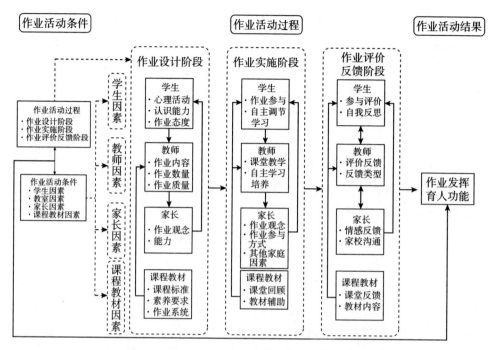

图6-1　作业育人功能实现的过程条件逻辑关系图

由图6-1可知，作业育人功能实现的过程是在具体的教育情境中，围绕学生学习任务的设计、实施和反馈，由学生、教师、家长和课程教材进行互动的过程。作业的育人效果主要表现为学生的认知、情感和社会性发展。

基于对作业活动各要素和过程的整体分析，作业育人功能的实现需要经历作业的设计、实施与评价反馈三个阶段，是一个具有整体性、综合性的递进过程。具体体现在作业活动的每一个阶段都建立在前一阶段的基础上，并为下一阶段做好准备。各阶段的活动共同实现了作业的育人目的，使学生在周而复始的活动中不断获得发展。作业育人功能的实现需要活动中参与的各要素，即学生、教师、家长和课程教材在活动的各个阶段相互配合发挥其各自的功能。

首先，作业活动应始终以育人为目的，服务学生知识、能力与态度发展的需要。如果不能树立作业活动的正确目的观念，仅仅把作业活动当成课堂知识的简单重复练习和教学活动的延伸，势必会对作业活动的其他阶段造成影响，从而减弱作业的育人效果。

其次，尽管作业活动主要由教师与学生的活动组成，但是也需要得到课程标准、教材和家长的有效支持。作业活动的过程与条件并非简单线性衔接，而是具体情境下的复杂互动。要发挥作业的育人功能，不能仅仅关注部分环节或部分活动主体。

（一）作业设计阶段育人功能实现的条件

作业是把课程教材体现的育人目的转化为学生学习发展目的的活动。教师需要依据课程标准和教材的要求，结合学生发展的实际需求与水平，对作业活动条件、过程、结果进行设计。作业设计质量和育人效果会受到以下因素的影响。

1. 学生现有身心发展水平的影响

学生是发展中的人，其身心成熟的程度会影响作业的效果。从作业完成所需要的时间来看，学生的注意力时间存在年级差异，其中小学生的注意力难以保持长久。因此，小学阶段的家庭作业时间有按年级逐步增加的要求。从作业完成所需要的心理条件来看，作业需要通过学生的心理动力和认识能力来完成。因此，作业设计需要考虑作业是否能够满足学生的学习兴趣，学生是否有能力理解完成作业要求。研究表明，学生对作业的兴趣和先前的学业成就是影响学生作业完成效果的因素，有学习困难的学生往往需要更多的时间来完成作业。[①] 同时，还有研究表明，学生对家庭作业的态度与教师、家长对家庭作业的态度之间存在差异。[②] 学生更多考虑作业本身对自身学习兴趣与学习能力的满足程度，不会考虑作业的社会功能和长远价值。因此，教师在作业设计过程中需要考虑学生的声音，把课程标准和教材要求与学生的年级特点、学习基础、动力、能力水平差异结合起来进行设计。

2. 教师现有教学观念、能力与行为的影响

作业设计质量会受到教师作业设计观念、能力与课堂教学行为方式的影响。研究表明，不同的教师有不同的作业设计目的，有的教师的作业设计注重复习巩固，有的注重练习，有的注重拓展训练。[③] 这与教师是以学生为中心注重学生思维训练的教学理念与行为，还是注重以知识传授为中心注重学生的知识理解与记忆有关系。因此，教师在作业设计过程中应结合素养导向的课程教学改革要求，反思自己的教学观念与行为，确立作业设计的正确指导思想。

---

① Warton P. M. , "The Forgotten Voices in Homework: Views of Students," *Educational Psychologist*, 2001(3), pp. 155-165.

② Hong E. , Wan M. , & Peng Y. , "Discrepancies Between Students' and Teachers' Perceptions of Homework," *Journal of Advanced Academics*, 2011(2), pp. 280-308.

③ Epstein J. L. , & Van Voorhis F. L. , "More Than Minutes: Teachers' Roles in Designing Homework," *Educational Psychologist*, 2001(3), pp. 181-193.

3. 家长作业观念、能力与条件的影响

家长参与作业的观念、能力与条件存在差异。研究表明，有的家长认可作业对学生发展的价值，会积极主动参与学生作业，提供作业的内容、方式或环境条件支持；有的家长不认可作业的作用，认为作业是学校教师的事情，或缺乏参与指导学生作业的能力与条件。家长参与作业的观念、能力与方式会影响到作业的效果。[①]因此，作业如果需要在家庭中完成和得到家长的参与支持，需要考虑到对家长提出作业支持的要求或对家长进行作业参与的培训支持。

4. 课程教材作业系统设计的影响

课程标准是指引教学活动的政策文件，对师生教学活动目标、内容、方式和评价的决定起着导引作用。教材是体现课程标准育人意图的载体，承载了学科知识和助学活动系统(学习目标、学习情境、学习内容材料、学习过程与方法、学习效果检测)，是教学活动的直接依据。好的教材体现了学习内容的科学性、思想性和教育性的统一，以及助学活动系统的便利性与便捷性的统一。教材设计包含作业系统的设计。教材是否体现了以学习者为中心的设计理念会直接影响到教师的作业设计行为。教师对教材作业系统的利用需要在理解的基础上进行调适，结合学生的发展水平进行拓展、补充或替换。教师不能抛开教材中的作业设计进行自主设计，这样势必会增加教学双方的负担，达不到课程标准规定的教学意图。同样，教师也不能完全依赖教材课后习题，简单布置作业，这样势必会脱离学生学习的实际需要。

(二)作业实施阶段育人功能实现的条件

教师给学生布置的课内外完成的作业只有被学生理解、接受和独立完成，才能起到作业育人的效果。学生在完成作业的过程中存在较大的差异。有的学生能及时高质量地完成作业并取得好的学习效果；有的学生会陷入挣扎、逃避、拖延、费时费力、低效或无效的情况。那么，学生完成作业效果的差异受到了哪些内外部因素的影响？教师和家长通常把学生作业完成效果差的原因归于学生的作业态度、责任和能力的缺陷，注重学生作业中时间的投入和努力，相对忽视学生完成作业方式的个体差异和外部支持条件的差异。研究表明，学生完成作业，特别是家庭作业是具有极大差异性和复杂性的学习活动，是学生、教师、家长和课程教材作业参与互动

---

① Patall E. A., Cooper H., & Robinson J. C., "Parent Involvement in Homework: A Research Synthesis," *Review of Educational Research*, 2008(4), pp. 1039-1101.

的结果。①

1. 学生对作业的多维度参与的影响

作业由教师布置，学生只有通过作业参与才有可能完成作业，达成预计的学习效果。综合已有实证研究的成果，借鉴学生课堂参与的一般理论分析框架，学生的作业参与是学生在作业中的身心卷入，具体可分为行为参与、认知参与和情感参与三种成分。

学生的行为参与表现为学生在作业中投入的实践和能力程度，具体可从学生在作业中的专注或不分心、持久等特征来观察。学生的认知参与体现在学生作业中认知与元认知心理活动的参与，具体表现为学生对作业目的与重要性的认知，通过激励自己、抑制分心、使用策略完成家庭作业、管理时间、设定目标、自我反思和延迟满足感来自我调节作业完成的过程。学生的情感参与体现在学生作业中人格、自我效能、意志和焦虑等心理活动的参与，具体表现为学生的参与兴趣、尽责性和动力。

学生作业参与的三个维度综合作用于作业效果与学习效果。具体而言，学生的高作业动机水平和自主作业水平会影响学生作业投入的时间和努力程度，进而提升作业效果或学习效果。这意味着关注学生的作业参与，不能仅仅关注学生的作业参与行为或投入的时间，需要关注学生作业参与行为背后的认知与情感因素。

学生作业参与各维度的效果表明，学生作业参与的效果主要不是取决于投入更多的作业时间，而是取决于作业参与的方式。作业时间投入多的学生不一定是学业成就好的学生。学生投入作业时间过长可能是注意力不集中、有更大的学习困难、低效或无动力的作业方式等造成的。②

2. 教师对学生独立作业支持的影响

教师在学生作业完成过程中要不要参与进来，具体怎么参与，教师的作业参与

---

① Strandberg M. ，"Homework—Is There A Connection with Classroom Assessment? A Review from Sweden，"*Educational Research* ，2013（4），pp. 325-346.

② Trautwein U. ，Lüdtke O. ，& Schnyder I. ，"Predicting Homework Effort：Support for A Domain-specific，Multilevel Homework Model，"*Journal of Educational Psychology* ，2006（2），pp. 438-456；Trautwein U. & Lüdtke O. ，"Predicting Homework Motivation and Homework Effort in Six School Subjects：The Role of Person and Family Characteristics，Classroom Factors，and School Track，"*Learning and Instruction* ，2009（3），pp. 243-258.

对学生作业完成会起到什么效果？通常认为，学生的作业，特别是家庭作业，是学生独立完成的结果。教师不应干扰学生作业完成过程。但是，不干扰学生作业完成过程并不等于对学生作业完成过程不进行指导。教师应预计到学生作业完成过程中可能遇到的困难，提前做出应对策略，以免学生陷入作业困境无力自拔。学生独立完成作业通常会遇到缺乏完成作业的动力与信心，不能独立组织作业学习活动，遇到作业困难会产生负面情绪，找不到求助渠道，以及可能会受到来自家长的不合理作业参与的干扰等困难。针对这些困难，教师可以在学生作业完成过程中提供如下指导。

第一，教师可以在课堂教学中训练学生进行作业自主调节学习。研究表明，家庭作业中的自主调节学习与学生的学业成就呈正相关。家庭作业中的自主调节学习体现在主动设置作业目标、分解作业任务、选择作业完成策略、保持作业动力和注意力、监测评估作业进度和管理作业环境。学业成就优异的学生(与学业成就欠佳的学生相比)更有可能安排环境、管理时间、处理分心、监控动机和控制负面情绪。[1] 学生在家庭作业中的自主学习行为与课堂练习作业形成的自主学习习惯有密切关系。这就需要教师在日常教学中有意识地培养学生的自主学习习惯，通过教学活动渗透学生的作业行为。教师在课堂教学中模拟有挑战性的学习任务，给学生自主学习训练支持、请学生分享自主作业的体会和对作业困难的学生进行自主作业训练的干预，可以提升学生的自主作业水平，进而提高作业完成质量和学习效果。教师对学生作业完成的有效支持不是告诉学生答案、给予学生命令或控制，而是对学生自主完成作业过程的支持。

第二，教师可以与家长沟通学生在作业中的表现并为家长提供作业参与支持。学生的作业在家庭中完成会受到家长作业观念、能力与参与行为的影响。家长的作业参与和学校要求之间可能存在冲突，由此会引发亲子关系矛盾，进而影响作业完成质量和学习效果。研究表明，教师和家长主动沟通，提醒家长避免盲目干扰学生作业和代替学生作业，通过在学生遇到作业困难时为学生提供自主作业支持等措施可以提升作业完成效果与学习质量。反之，如果教师单纯提醒家长注意学生作业中出现的错误，要求家长提供作业的监督和帮助学生改正作业中的错误，则有可能引

---

[1] Yang F. , & Tu M. , "Self-regulation of Homework Behaviour: Relating Grade, Gender, and Achievement to Homework Management," *Educational Psychology*, 2020(7), pp. 392-408.

发家长的作业焦虑。[1]

3. 家长作业参与质量的影响

学生的作业在家庭中完成，会受到家庭因素的影响。在家长作业参与对学生作业完成质量与学习效果影响的认识上，教师、家长、学生和政策制定者、学术研究的观点存在分歧，媒体也经常报道家庭中作业的负面消息。这也是造成作业政策不断摇摆的原因。目前的作业政策强调中小学作业基本或大部分在校内完成。从现实情况来看，受制于教师教学能力水平、课堂教学中可用的教学时间等条件，家庭作业可能在相当长的时间内依然会存在。这既是中国国情，也是世界范围的普遍情况。从作业研究的文献来看，当前国际上关于作业研究的文献主要是与家庭作业有关的文献，由此可以说明家庭作业是普遍存在的现象。综合国内外学者关于家长作业参与对学生作业效果和学习效果的实证研究成果，可以归纳出家长作业参与效果及影响的如下结论。

第一，家长作业参与的效果有利有弊，受到家长、学生、年级、学科等因素的影响而存在差异。库珀综合不同时期的大量实证研究结果发现，家长作业参与可以起到如下积极效果：提高学生作业完成率；促进学生养成正确作业态度，消除作业的负面情绪；促进学生养成自主作业习惯，包括目标设定、规划以及时间、材料、注意力和情绪的管理等。

家长作业参与也会起到如下消极效果：干扰学生学习；造成学生对作业的负面情绪或失去作业兴趣；增加学生的疲劳程度；造成亲子关系紧张；造成学生对家长的过度依赖，阻碍学生自主学习的发展；造成学生之间学业成就差距拉大等。家长作业参与和学生学业成就之间的关系可能受到许多因素的影响，如家长使用的参与策略、学生的年龄和能力水平、家庭资源以及家长自己的指导技能。[2]

第二，家长作业参与的效果体现在作业任务完成，而不是学业成就提高。研究表明，家长作业参与的效果主要体现在激发学生的作业动机，使学生形成正确的作

---

[1] Xu J., Du J., & Fan X., "Self-regulation of Mathematics Homework Behavior: An Empirical Investigation," *The Journal of Educational Research*, 2017 (5), pp. 467-477; Du J., Xu J., &Fan X., "Investigating Factors that Influence Students' Help Seeking in Math Homework: A Multilevel Analysis," *Learning and Individual Differences*, 2016, pp. 29-35.

[2] Patall E. A., Cooper H., & Robinson J. C., "Parent Involvement in Homework: A Research Synthesis," *Review of Educational Research*, 2008 (4), pp. 1039-1101.

业态度和作业自主调节方式，提升学生的作业自我效能或信心、作业中的专注度和投入程度以及作业完成率等，与学业成就之间只有微弱的相关关系。家长作业参与对学生作业完成结果的影响大于对学业成就本身的影响，对学生作业完成结果的影响可能会产生长期的学习成就收益。①

第三，家长作业参与的不同类型会产生不同的效果，但最终要通过学生自主作业来实现。研究表明，家长参与作业主要有以下类型：为家庭作业提供空间和材料；与教师就作业进行互动；对作业完成情况进行监督；规定何时、何地或如何做作业；回答关于家庭作业的问题并给予反馈；实际上提供直接的作业指导。在相关证据中，家长的作业监督是唯一一种与学生学业成就有负相关关系的参与形式，其他所有家长作业参与类型与学生学业成就之间都有正相关关系，特别是制定家庭作业规则与学生学业成就的关系最密切。② 此外，家长作业参与对学生作业完成效果及学业效果的影响还必须在学生的自主作业活动中，通过激发学生的作业兴趣动力、调节学生的自主作业方式和提高学生的作业信心等途径才有可能实现。研究表明，在家庭作业的家长直接干预支持与自主性支持中，家长对学生作业自主性的更多支持与更多的家庭作业完成有关。③ 还有研究表明，在自主支持、内容支持、参与频率和混合参与的各种家长作业参与维度中，家长对学生作业的自主支持是唯一

① Patall E. A., Cooper H., & Robinson J. C., "Parent Involvement in Homework: A Research Synthesis," *Review of Educational Research*, 2008(4), pp. 1039-1101; Dumont H., Trautwein U., & Lüdtke O., et al., "Does Parental Homework Involvement Mediate the Relationship between Family Background and Educational Outcomes?," *Contemporary Educational Psychology*, 2012(1), pp. 55-69.

② Patall E. A., Cooper H., & Robinson J. C., "Parent Involvement in Homework: A Research Synthesis," *Review of Educational Research*, 2008(4), pp. 1039-1101; Xu J., Guo S., & Feng Y., et al., "Parental Homework Involvement and Students' Achievement: A Three-Level Meta-Analysis," *Psicothema*, 2024(1), pp. 1-14.

③ Xu J., Guo S., & Feng Y., "Parental Homework Involvement and Students' Achievement: A Three-Level Meta-Analysis," *Psicothema*, 2024(1), pp. 1-14.

与学业成就呈正相关的因素。①

综合家长作业参与效果的实证研究结果可以发现，家长作业参与是培养学生自主学习能力和提升学生作业完成质量与学习质量的重要力量，应鼓励家长参与学生作业。家长参与作业不能只关注参与的频率与数量，要关注参与的质量。家长作业参与应转变参与观念，从关注成绩分数转向关注学生的作业态度、动机、作业自主习惯和家庭作业问题。家长作业参与的角色应从作业的监督控制者转向作业环境支持者、激励者、榜样、班长、导师，为学生自主作业提供环境、行动期望、规则、资源条件等。

4. 课程教材为学生作业提供的支持

作业实施的过程并非只包含学生和作业两个对象，往往涉及教师课堂教学与教材的参与。研究表明，教材是教师布置作业的一个主要来源，学生在完成作业的过程中如果遇到困难，也会通过回顾教师课上讲的内容来解决问题。并且，学生能够感知到作业具有练习课上所学内容、使自己增进对知识的理解的作用。② 因此，在学生独立完成作业的过程中，可以通过先复习教材、课堂笔记的方式唤起对已学知识的记忆，再通过作业加深对知识的理解和练习，从而达到知识的巩固与能力的提高。

（三）作业评价反馈阶段育人功能实现的条件

作业作为教师布置给学生课内外完成的学习任务是否完成，完成的质量如何，是否达到预计的作业目的，哪些方面需要做出改进？要回答这些问题，只有通过作业评价反馈才能得到答案。如果要对作业进行评价反馈，又需要进一步思考作业由谁来评价、依据什么标准来评价、如何评价以及评价的结果如何反馈利用等问题。对此，作业政策要求教师对作业进行全批全改，不得要求学生自批自改，严禁要求家长批改作业；并要求教师批改应有具体评价意见，应及时将评价结果反馈给学生，强化对有学习困难学生的辅导帮扶。但是，在实际作业批改过程中，教师全批全改带来的工作压力，以及学生对教师批改作业反馈结果的真实反应和效果一直是

---

① Cooper H.，Lindsay J. J.，& Nye B.，"Homework in the Home：How Student，Family，and Parenting-style Differences Relate to the Homework Process，"*Contemporary Educational Psychology*，2000(4)，pp. 464-487.

② Kaur B.，"Mathematics Homework：A Study of Three Grade Eight Classrooms in Singapore，"*International Journal of Science and Mathematics Education*，2011(1)，pp. 187-206.

值得讨论的问题。与课堂教学的准备和评价相比较，作业的评价反馈问题还未受到充分的重视。作业评价反馈研究需要具体分析教师、学生在作业评价反馈中应该做什么，才能促进作业高质量完成和学习质量的提高。综合已有作业评价反馈实证研究的成果，可以归纳出以下结论。

1. 学生有效参与作业评价反馈的影响

学生作为作业学习的主体，应该参与作业的评价。教师提供的作业评价反馈只有被学生感知理解，才有可能被学生利用。在作业批改实践中会发现教师认真撰写的作业批改评语，往往不被学生重视和利用的现象。这说明在作业批改中只有学生作为评价主体，与教师进行对话交流才能加深对作业结果的理解。义务教育课程标准强调学生作为评价主体，教师要教会学生进行自我评价与同伴评价。从作业批改实践和课程改革的导向来看，需要把学生纳入作业批改评价，在强调教师对作业进行全批全改的同时，也强调学生参与作业批改，学会自我检查、分析和纠正作业中的错误，通过参与作业批改培养学生的自主学习能力。研究表明，教师让学生在课堂上展示作业过程和批改作业，与学生学业成就显著相关。这说明学生通过自我批改与同伴互批作业，可以促进自我反思，了解教师对作业的期望和同伴对作业的不同看法，从而发展新的理解。这比简单地接受教师的作业评价反馈结果更有利于提高学生作业完成效果和学习效果。① 还有研究表明，如果教师作业反馈的目的是促进学生自我检查作业和自主学习，为学生作业自主完成提供支持，将有利于作业完成质量和学习质量提高。教师应该提高学生自我评价作业的能力，否则作业反馈可能无法使学生受益。②

2. 教师作业评价反馈方式和类型的影响

教师作为学生作业的布置者或设计者，要了解学生作业完成效果和教学措施之间的关系，改进教学和提升教学质量，理应对学生作业做出评价反馈。综合已有研究成果，对于教师作业评价反馈的效果，可以得到以下具有共识的结论。

首先，学生的作业必须得到教师的评价反馈。研究表明，与没有反馈或仅仅给出作业评分相比较，教师对学生作业的评价反馈可以提升学生作业的兴趣、减

---

① Zhu Y. & Leung F. K. S.，"Homework and Mathematics Achievement in Hong Kong：Evidence from the TIMSS 2003，"*International Journal of Science and Mathematics Education*，2012(4)，pp. 907-925.

② Cunha J.，Rosário P.，& Núñez J C.，et al.，"'Homework Feedback Is…'：Elementary and Middle School Teachers Conceptions of Homework Feedback，"*Frontiers in Psychology*，2018，p. 32.

少学生对作业的不满，满足学生对学习能力评估的需要，帮助学生修改学习策略，增强学生作业的自主性和效能感。反之，学生认为有限的反馈是完成作业的障碍。这说明教师在评估、展示和与学生讨论作业方面投入时间和精力是值得的。①

其次，教师作业评价反馈的不同类型有不同的效果。研究表明，并非所有的教师作业评价反馈都能起到促进学生学习的效果。与教师反馈的数量相比，教师反馈的质量可能在学生作业动机和努力方面发挥更好的作用，因为作业反馈的数量不一定能激励学生自己完成作业；而且大量的作业反馈可能被视为控制，从而破坏了他们的作业动机。②

教师作业评价反馈的方式主要有口头或书面表扬、批评、书面评论（突出正确和错误的答案）、奖励、课堂作业的一般复习和评分。教师作业评价反馈的目的主要是检查学生的作业完成情况，对学生的学习过程与结果做出具体分析，对学生作业做出评分或写出评语，对学生作业结果做出表扬、建议或批评。从实际的情况来看，教师通常只是检查学生的作业完成情况、进行评分或提供简单的评语。从效果来看，针对学生个人的具体反馈，注重建设性批评加表扬；面向全班的课堂集体讨论批改作业，对学生的学业成就有积极影响，但教师需要付出的工作量会比较大。

最后，教师作业评价反馈通过学生的作业行为间接影响学习结果。教师作业评价反馈只有被学生感知，转化为学生作业参与行为才能起到作业预计的学习效果。研究表明，在教师作业评价反馈中经常采用检查家庭作业完成情况和在黑板上检查作业两种方式。这反映了教师作业评价反馈主要是出于监督学生学习的目的，而不是教会学生学会监督自己的学习。③ 对教师作业反馈行为、学生作业参与行为和学

① Zhou S., Zhou W., & Traynor A., "Parent and Teacher Homework Involvement and Their Associations with Students' Homework Disaffection and Mathematics Achievement," *Learning and Individual Differences*, 2020, p. 101780.

② Xu J., "Investigating Factors That Influence Math Homework Purposes: A Multilevel Analysis," *The Journal of Experimental Education*, 2020(6), pp. 1-12.

③ Cunha J., Rosário P., & Núñez J C., et al., "'Homework Feedback Is…': Elementary and Middle School Teachers Conceptions of Homework Feedback," *Frontiers in Psychology*, 2018, p. 32.

习结果之间的实证研究表明，学生对教师的作业评价反馈感知越高，作业完成量和作业时间管理水平越高。学生的作业完成量和时间管理水平能够正向显著预测学业成就。① 这说明教师需要将作业评价反馈结果和学生进行沟通，让学生体会到教师作业评价反馈的目的，从而进一步明确作业目的要求、完成方式和效果检查，提升学生的作业动力和作业投入度。

3. 家长对作业评价反馈干预的影响

家长是否要参与到作业反馈中，又应该提供何种反馈？对此，作业政策严禁家长批改作业。这既是为了避免"家长作业"的现象，也出于对家长可能缺乏相关能力的考虑。但事实上，学生的作业不仅是学生日常生活的重要部分，也是家长日常生活的重要内容。家长会关注学生的作业完成情况，特别是小学生的家长。但是，有些家长往往只关注作业的结果，忽视对学生作业过程的关注，也不注重对学生在作业中出现的问题进行分析，从而导致粗暴干预。家长对作业评价反馈的有效参与，应该将重点从作业结果转移至作业过程，并且可以与教师沟通合作以避免不当干预。家长和教师之间可以建立牢固的伙伴关系，如一起讨论作业的类型，以及如何修改作业以使学生受益。同时，家长可以通过对学生的情感需求做出反馈，支持学生的自主性，从而促进学生的学习。

4. 课程教材对师生作业评价反馈的支持

作业常被视为学校活动和教师课堂实践的一部分。课程教材要不要参与到作业评价反馈中，能够为作业评价反馈提供哪些支持？一般来说，教材中既包含着学生需要理解和运用的知识、体现着课程标准对学生学习目标的要求，也蕴含着学生学习的内容，是学生将所学知识在作业中迁移运用到其他情境的基础。因此，作业评价反馈需要结合教材进行。目前教学实践中存在学生作业出现错误，而教师和学生不能正确分析错误原因的现象，说明教材的作业系统对作业评价反馈的支持是有限的。教材中的作业系统多为不同形式、不同难度的练习题的呈现。如果能够在作业系统中为教师提供标准答案、易错点提示和错误案例分析，就能使师生通过对比分析，精准地确定学生出现错误的原因，从而使教材能够为师生的作业评价反馈提供有效支撑。

---

① Núñez J. C., Suárez N., & Rosário P., et al ., "Teachers' Feedback on Homework, Homework-Related Behaviors, and Academic Achievement," *The Journal of Educational Research*, 2015(3), pp. 204-216.

三、作业育人功能实现的实践路径

作业育人功能的实现是在作业育人理论指导下的行动，需要把作业纳入教育教学过程，明确作业的教学性质、选择合适的作业类型、明确作业的育人功能，在此基础上结合教学单元进行系统设计。

（一）明确作业的教学性质

作业设计首先需要明确作业的教学性质。教学是教师教与学生学的统一活动，在这一活动中学生掌握一定知识和技能，同时身心获得一定发展，形成一定的思想品德。作业作为教与学统一活动中的学习活动，是在教师指导下进行的学习活动，不是完全由学生自主进行的自学活动。作业的目的、任务、内容、形式、方法、手段以及效果的检查等都是由教师决定和负责的，学生是完成作业的主体。

作业是在特定的学校、家庭和社会环境中，由教师根据课程标准的要求和学生发展的实际需要设计，由学生在课堂教学前、中、后独立或合作完成，为了达成特定的教学目标的自主、合作与探究性学习活动。作业设计需要了解作业的以下教学属性。

1. 作业是学生进行的学习活动

教学活动是教师教与学生学相统一的活动。强调作业的学习活动属性，意味着作业的主体是学生，作业是学生能动的、主动的、独立的活动，由学生亲身体验、操作完成，不能由教师包办代替。同时，作业作为学生的学习活动，以掌握必备知识、能力和品德，发展学生的核心素养为目的，不同于成人在实际工作场所的作业。

2. 作业是学生进行的自主、合作与探究性学习活动

学生的学习包括接受学习与探究发现学习。作业属于学生进行的自主、合作探究性学习活动，是学生运用所学知识解决实际问题的学习活动。如果学生没有掌握相关知识，盲目探索实践就会增加学生的学习负担。认识到这一点，有助于避免在教学实践中教师由满堂讲变成满堂练，或通过"题海战术"来帮助学生掌握知识。在现实中学校课外作业负担过重，完成质量不高，其原因在于教师没有帮助学生深刻理解所学的概念与原理知识，导致学生不能运用所学知识来独立完成作业。

3. 作业是有教师指导的学习活动

作业作为教学活动中的学习活动，是有教师指导的学习活动，不同于学生自行安排的自学活动，也不同于家长在校外给学生布置的培训作业活动。任何学习活动

不可能是没有教的指导而孤立存在的。学生作为身心尚未成熟的主体，其作业学习活动过程是有教师指导的过程，是教师教的主导和学生学的主体统一。因此，教师在布置作业时要考虑作业时间的安排不能填满了学生的校外活动时间，需要给学生留出自主活动的时空，便于学生的个性发展。同时，也要考虑提高学校教学和作业设计的质量，避免家长布置额外的作业，从而加重学生的课业负担。

4. 作业是教师依据课程标准要求和学生实际设计的学习活动

作业作为教师指导的学习活动，需要体现课程教学的目的和意图。没有明确目标的作业会使作业变得无效、低效或成为惩罚学生的手段。脱离课程标准要求和学生实际的目标过高或过难的作业，也会增加学生的课业负担。依据课程标准和教材要求设计作业，并不意味着简单地根据教材后面的课后习题布置作业，而是结合学生实际重新确立作业目标和完成方式与要求。

5. 作业是在课内外进行的学习活动

作业作为教师指导的学习活动，贯穿教学过程始终，体现了学生的学习需要通过学生主体的实践活动来完成的要求。从这个意义上讲，作业也是课堂教学过程的一个环节，是在教师讲授基础上的练习。把作业作为课堂教学的延续或补充，实质上窄化了作业的外延，仅仅把作业作为家庭独立完成的作业。

作业可以在学校内课堂时间与非课堂时间完成，也可以在学校外的家庭或其他社会场所完成。这意味作业需要课堂内外、校内外统筹设计。特别是考虑到校外家庭社会环境的差异性或不确定性，需要发挥学校作为特殊育人环境在作业学习活动中的主导作用。

6. 作业是受教学与社会环境调节的学习活动

作业在校内外教学环境和家庭环境中进行，不是单纯的人机互动活动，也不是仅仅发生在学生大脑内部的认知或情感活动，会受到师生、家长过去的作业经历、目前的学习活动规则要求和对未来学习期望要求等社会文化因素的影响。因此，不能企图完全依赖人工智能等技术手段来布置、批改作业，需要考虑作业学习活动进行的环境属性，考虑到作业中的教师、学生、家长对作业的动力、认知与资源条件状况的差异。设计作业环境，避免学校教学和家庭作业环境的差异造成学生学习机会与结果的不公平。

（二）选择合适的作业类型

作业作为教学活动，需要具备目的、内容、方式、手段等活动要素，以及教师、学生、作业材料、时间、地点等条件要素。作业的条件要素要服务作业的活动要素。在作业的活动要素中，作业的目的、内容制约着作业的方式、手段，作业活动的一切要素最终要从作业活动的主体即学生全面个性发展的要求出发统筹安排。

作业的多样分类标准有助于我们认识作业不同侧面的特点。但是，面向作业的日常教学实践，需要综合考虑作业的活动要素与条件要素，结合作业的教学本质对作业进行综合分类。作业的本质是教学认识活动的一部分。根据完整的教学认识活动顺利开展的需要，把作业纳入完整的教学认识活动过程，可以把作业分为以下类型。

1. 课前预习作业

课前预习作业是由教师提出要求，学生独立完成，通过联系学生生活实际，让学生观察生活中的现象；或通过阅读教材，提出真实情境中与所学课程有关的思想困惑，带着主动学习的意向进入课堂，使课堂学习成为真实情境问题解决的学习活动。这种作业可以是书本阅读作业，也可以是观察实践性作业。

2. 课堂理解作业

课堂理解作业是教师指导学生通过真实情境解决问题的例子理解所学知识的概念、法则或原理后，为了加深学生对所学知识的理解，通过变式练习作业，现场指导学生作业，为学生课后独立作业做准备的活动。

3. 课后复习巩固作业

课后复习巩固作业是为进一步加深学生对所学知识的理解与系统认识，教师布置学生在课外进行独立思考，对所学的知识结论、过程与方法和态度进行归纳整理，通过背诵、练习等方式内化为个体知识的活动。

4. 课后拓展应用作业

课后拓展应用作业是为了把学生在课堂所学的知识进一步转化为学生创新能力与社会责任态度，由教师布置或与学生协商，由学生个体或小组完成，利用真实情境问题解决或项目任务，让学生通过动手操作、亲身体验、实地调研等方式，用学科训练的眼光、思维方式和价值态度来审视、分析和解决个人、社会与科学生活的问题，形成具体与一般发展所需要的关键能力与必备品格的活动。

基于作业教学属性的单维与综合分类，有助于帮助教师在作业实践中依据教学的目标、内容、方式、手段和教学关系等，结合学科特点和学生实际需要有针对性地选择作业类型和设计作业，而不是片面、盲目追求大单元或实践性作业。

（三）明确作业的育人功能

1. 作业的积极功能

认识作业的育人功能需要区分作业的积极与消极功能。国内外大量的实证研究表明，作业的积极与消极功能并存。综合已有作业功能的实证研究成果①②，可以发现作业的积极功能体现在以下几个方面。

(1)促进学生学习的功能

作业通过为学生提供预习、练习、复习和拓展课堂学习的机会，有助于提高学生的学业成就。研究表明，作业与学生学业成就之间显著相关。与小学相比较，作业与中学生学业成就的相关性更高，小学期间的作业经历与中学的学业成就也显著相关。除了提升学业成就的效果外，作业还有助于学生自主学习，培养学生设定目标、管理时间、自我检查等的学习习惯和方法，提升学生学习的责任感。

(2)改进教师教学的功能

通过经验总结报告，通过对学生作业的批改，教师能及时发现学生在知识识记、理解、运用中存在的问题，通过分析找到原因，并以此改进课堂教学，提升教学质量。

(3)有利于家校沟通协作的功能

作业是家校联系的重要载体，为家庭教育的开展起到重要的指导和规范作用。③ 家长通过作业了解到学生在学校所学的知识和教育教学要求，便于家长具体支持和配合学校的教育教学工作，形成育人合力。

2. 作业的消极功能

国内外学者在发现作业积极功能的同时发现作业存在消极功能。我们把它归纳为以下几个方面。

(1)对学生发展的消极功能

负担过重、过难和无趣的作业会损害学生的学习兴趣，造成学生身心疲倦，减少学生参加体育或休闲活动的时间，不利于学生全面个性发展。同时，缺乏监督的作业环境可能使学生抄袭作业或接受不当的帮助，养成不良的学习品质或态度。

(2)对教师的消极功能

作业量大，导致教师作业批改的工作量加大，进而造成教师工作压力增加；同

① Cooper H., Robinson J. C., & Patall E. A., "Does Homework Improve Academic Achievement? A Synthesis of Research, 1987-2003," *Review of Educational Research*, 2006(1), pp. 1-62.

② Bembenutty H., "The First Word: Homework's Theory, Research, and Practice," *Journal of Advanced Academics*, 2011(2), pp. 185-192.

③ 康世刚：《美国小学数学教育中家庭作用的发挥及其启示——从数学课程标准、数学教科书到学校家庭作业政策》，载《教育科学研究》，2016(4)。

时影响到教师备课所需时间，进而造成课堂教学质量下降。

(3)对家庭的消极功能

作业量大，对家长提出的作业参与要求会给家庭生活造成压力。学校要求与家庭要求的不一致也会造成家校之间、学生和家长之间的冲突。

(4)对社会的消极功能

作业拉大了不同社会经济背景学生的学业成就差异，社会经济地位高的家庭的学生会获得更多的家庭学习支持。社会经济地位低的家长由于工作压力和自身文化素质难以为学生提供作业支持，这会造成教育的不公平。

作业的积极与消极功能并存。我们不能因为作业具有消极功能，就轻易取消学校布置的作业。这势必会使作业由明确要求转向自发随意的安排，进而会造成教学秩序的混乱和教学质量下降。我们也不能因为作业的积极功能就忽视作业的消极功能的存在。这势必会导致学生的片面发展和对作业的其他教育功能和社会功能的限制。作业的积极和消极功能都是潜在功能，作业设计实施要预估到作业可能带来的消极功能，化不利为有利。同时，要丰富作业的内涵或类型，避免作业变成机械记忆作业、书面作业或习题作业，以发挥作业对学生全面个性发展的功能。

认识作业的育人功能需要区分作业作为教学方法与作为教学评价的功能。

目前的作业政策强调发挥作业作为过程性评价的分析诊断功能。义务教育学科课程标准多把作业放在课程评价部分，特别是放在过程性评价部分做出规定。这容易使人误认为作业就是过程性评价，作业作为教学活动要素的功能是教学评价功能。这里要区分作业作为教学方法的功能与作为教学评价的功能。教学评价是收集教学过程与结果的证据而做出价值判断，从而反思改进教学的活动。作业是帮助教师收集学生学习过程和结果的工具，作业本身不能做出价值判断，不能把作业等同于教学评价。把作业等同于教学评价会导致忽视课前、课中作业，单纯强调课后作业的作用。作业的主要功能是作为教学方法，帮助学生达成知识理解、巩固、应用的目的，进而发展学生核心素养。学生只有学习、学会才可能被评价出效果来。如果教师没有在课前和课中通过有效的预习、练习作业来提升学生的学习质量，单纯依靠课后作业来诊断补救，势必会增加教学双方的负担。

(四)作业育人功能实现需要结合教学过程

作业育人功能可以通过完整的教学过程来实现，教学过程是教师教与学生学相统一的活动。从教师教的角度看，教师的作业指导过程包括教师的作业设计、布置、完成指导与批改反馈，学生的作业完成过程包括学习任务的接受与理解、完成与检查等。

　　从理论上讲，作业作为教师指导下的学生学习活动，只有把教师的作业目的转化为学生作业的目的与行动，才有可能促进学生的学习与发展。从实证研究的成果来看，教师对作业的有效指导并不是简单地布置作业，而是通过作用于学生的自主学习，让学生学会自主调节作业目标、作业完成策略和学会检查，才能提高学生作业完成的学习效果与效能。自主学习的外部活动过程包括设定目标、选择和使用策略、监控效果；内部心理活动过程是动机、认知和元认知等心理成分互动的过程。学生通过作业任务价值的认知和作业自我效能感提升作业的动力，通过对作业材料的学习加工策略学会认知，通过作业过程的自我监控反思来抑制作业过程中遇到的干扰，克服作业困难等。齐默曼等人的研究表明，虽然教师为作业设定了目标和期望，但学生必须通过练习自我调节行为来独立完成作业。① 有学者通过对社会经济条件不好的中学生的质性研究发现，学业成就优异的学生以学习为导向，具有良好的自我调节能力，说明学生只有承担起作业责任、自我管理，才能有良好的作业效果。② 还有学者的实验干预研究表明，为社会经济条件不好的学生提供自主学习的作业辅导计划，可以改善学生的作业管理时间，监控学生完成作业时认知策略的使用，帮助学生保持作业动力和处理作业分心，以及安排作业顺序等。③

　　综合作业育人功能实现的教学理论、心理学理论与实证研究成果，在作业育人功能实现的教学过程中应从教与学双方互动的角度来设计安排作业过程，体现课堂作业的示范到课外作业的自主的连续变化过程，或在教师的指导下学生逐步学会独立自主作业的过程。具体来说，作业中教与学统一的过程可以分为以下三个阶段。

1. 教师作业任务设计与学生作业任务理解阶段

　　作业作为学习活动是从明确的目的开始的，没有目的的活动是机械的操作或动作。教师为学生进行作业设计，应该有明确的作业目的，如促进学生预习、理解还是巩固、拓展与应用。教师的作业目的要转化为学生的作业目的，需要考虑到学生

---

① Ramdass D., & Zimmerman B. J., "Developing Self-regulation Skills: The Important Role of Homework," *Journal of Advanced Academics*, 2011(2), pp. 194-218.

② Bempechat J., Li J., & Neier S. M., et al., "The Homework Experience: Perceptions of Low-Income Youth," *Journal of Advanced Academics*, 2011 (2), pp. 250-278.

③ Xu, Huixuan, "Using Homework Tutoring to Promote Self-regulated Learning in Deprived Pupils: A Case Study in Hong Kong," *Education 3-13*, 2020, pp. 1-13.

完成作业任务的前提条件或实际可能性，通过与学生协商沟通，让学生领会作业任务设计的意图价值，激发学生的作业动力。学生领会作业设计的目的意图，需要结合已有经验和所学知识，理解作业的意义价值，对作业目标任务进行理解与分解，设置具体的完成任务的内容、时间与质量要求。

2. 教师作业任务布置与学生作业任务完成阶段

作业任务的完成需要运用与学习材料有关的学习方法策略。教师给学生布置作业，需要考虑学生的差异、学科材料的差异、学生完成作业需要采取的学习策略方式、作业完成时间以及对作业环境的要求等，并对学生作业完成方式、时间管理策略、遇到困难时的求助策略等进行指导。学生接受教师布置的作业任务，需要对作业任务进行重新分解，确立作业任务完成的方式与时间、质量要求，独立完成作业。遇到作业困难时学生需要联系所学知识和采用课堂作业练习的方法策略，避免被动等待教师解决或依赖家长解决。

3. 学生作业任务检查与教师作业任务反馈阶段

只有经过对作业结果的检查反馈才能形成完整的自主学习活动。这意味着教师需要对学生作业提供及时与激励性反馈矫正，不能简单地以作业是否完成为要求，需要分析学生作业中出现的错误表现与成因，帮助自己进行教学改进，帮助学生进行个别辅导矫正。学生作为自主学习者，完成作业后不能以简单完成为任务，需要结合教师布置的作业目标要求进行自我检查或同伴检查，发现错误的表现与成因。学生通过课堂中教师对作业的讲评指导，进一步理解领会作业的意图要求，自主调节作业的目标、方式与结果。

（五）作业育人功能实现需要进行系统作业设计

系统作业设计需要结合单元教学任务，依据作业设计的指导思想、作业设计的单元教学与作业要求和作业设计的学情分析，明确单元作业设计的思路与结构，对单元课时作业的内容与要求做出具体设计，落实到作业布置、完成与评价反馈活动。

1. 作业设计的指导思想

作业设计的指导思想有如下两个方面：①义务教育课程标准中的素养导向的教学评要求与作业要求；②本单元作业设计如何体现素养导向的教学评要求，基于学生何种素养发展的学习结果要求安排何种作业。

教师应在此基础上明确单元作业设计的指导思想，如发展学生实践能力的素养要求，体现学习者中心的设计，体现真实情境下应用知识解决问题的过程或自主学习能力的培养、作业兴趣的激发等。

2. 作业设计单元教学与作业要求

教师应明确本单元作业设计选自哪一个年级和何种版本的教材，课程标准和教材中对这一单元的教学目标、教学活动、教学评价要求是什么，对作业系统做了何种要求和设计。

作业系统的分析可以从教材中的作业目标、作业完成方式和作业评价反馈方式来展开。教师应结合教学参考用书，对教材中课后练习题的目标设定、作业类型、内容、结构、难度，以及情境创设，核心素养在习题中的表现，习题与课表内容要求的一致性，是否体现差异等进行系统分析。

3. 作业设计的学情分析

教师可以依据个人或集体的教学经验，对教材中的作业系统是否有完整的目标、完成方式与评价要求，作业学习任务设计的情境、趣味性、挑战性、与课内知识的联系性等方面做出评价，说明对教材中的作业设计做出了何种补充、调整、改编或新编。

4. 单元作业设计的思路与结构

单元作业设计的思路可从以下几个方面考虑：①体现单元作业的连续性，体现基础理解、能力提升、综合素养提升的过程；②体现作业的学习任务设计和任务分解的过程；③可用结构图来呈现单元作业总任务与课时作业子任务之间的关系。

单元作业的结构体现为总、分、总的关系，具体单元要求应分解到课时，再进行综合训练。

5. 单元课时作业设计

(1)明确作业目的

明确作业目的是帮助学生预习，还是促进学生理解、复习巩固、应用知识分析问题和解决问题。作业目的应聚焦到教会学生应用所学知识提出问题、分析问题和解决问题能力的提升。

(2)选择作业类型

教师应根据作业目的选择作业类型，避免作业类型单一化或僵化。

(3)明确作业内容与完成要求

作业应体现真实情境下的学习任务设计，说明由个人还是由小组合作完成，在课前、课中还是在课后完成，在学校还是在家里完成，需要多长时间完成，需要借助何种资料，是否需要家长支持等。作业布置应体现对学生自主独立作业的指导要求。

（4）作业评价反馈

作业评价反馈应说明由谁来评价、依据什么评价标准、如何评价以及评价的结果如何反馈给学生、如何帮助学生反思改进等问题。作业评价反馈应体现基于学科核心素养要求教会学生自主评价反思的思想。